CHARLES BENOIST

MEMBRE DE L'INSTITUT, DÉPUTÉ DE PARIS

LES
NOUVELLES FRONTIÈRES
D'ALLEMAGNE
ET LA
NOUVELLE CARTE D'EUROPE

Avec une carte

PARIS

LIBRAIRIE PLON

PLON-NOURRIT ET Cⁱᵉ, IMPRIMEURS-ÉDITEURS

8, RUE GARANCIÈRE — 6ᵉ

LES NOUVELLES

FRONTIÈRES D'ALLEMAGNE

ET

LA NOUVELLE CARTE D'EUROPE

Ce volume a été déposé au ministère de l'intérieur en 1920.

DU MÊME AUTEUR :

Un Programme, mars 1902. — Plon-Nourrit et Cie; petit in-8°.

La Réforme parlementaire. — Plon-Nourrit et Cie, 1900; in-16.

Le Machiavélisme. I. *Avant Machiavel.* — Plon-Nourrit et Cie. 1907; in-16.

Le Machiavélisme et l'anti-machiavélisme. — Plon-Nourrit et Cie, 1913; in-16.

LA CRISE DE L'ÉTAT MODERNE. **L'Organisation du travail.** Tome premier : Le travail, le nombre et l'Etat. Enquête sur le travail dans la grande industrie : mines de houille, métallurgie, construction mécanique, verrerie, industrie textile. Tome II : **L'Espèce.** *L'Ouvrier. La Classe ouvrière.* — Plon-Nourrit et Cie, in-8°.

LA CRISE DE L'ÉTAT MODERNE. **L'Organisation du suffrage universel.** — Maison Didot, 1896; in-8°.

L'Organisation de la démocratie. — Perrin et Cie, 1900; une brochure in-16.

Croquis parlementaires. — Perrin et Cie, 1891; in-16.

Sophismes politiques de ce temps. Étude critique sur les formes, les principes et les procédés de gouvernement. — Perrin et Cie, 1893; in-16.

Le Prince de Bismarck. Psychologie de l'Homme fort. — Perrin et Cie, 1900; in-16.

L'Espagne, Cuba et les États-Unis. — Perrin et Cie, 1898; in-16.

Enquête algérienne. — Lecène, Oudin et Cie, 1892; in-16.

Souverains, Hommes d'État, Hommes d'Église. — Lecène, Oudin et Cie, 1893; in-16.

L'État et l'Église. — Armand Colin et Cie, 1892; in-16.

La Politique du roi Charles V, la Nation et la Royauté. Avec une préface de M. H. Baudrillart, membre de l'Institut. — Léopold Cerf, 1886; in-16.

La Vie nationale (Bibliothèque des Sciences sociales et politiques, dirigée par Charles Benoist et André Liesse). *La Politique.* — Léon Chailley, 1893; petit in-8°.

Les Ouvrières de l'aiguille à Paris. Notes pour l'étude de la question sociale. Léon Chailley, 1895; in-16. *(Épuisé.)*

PARIS. TYP. PLON-NOURRIT ET Cie, 8, RUE GARANCIÈRE. — 24186.

CHARLES BENOIST

MEMBRE DE L'INSTITUT, DÉPUTÉ DE PARIS

LES
NOUVELLES FRONTIÈRES
D'ALLEMAGNE
ET LA
NOUVELLE CARTE D'EUROPE

Avec une carte

PARIS

LIBRAIRIE PLON

PLON-NOURRIT ET Cⁱᵉ, IMPRIMEURS-ÉDITEURS

8, RUE GARANCIÈRE — 6ᵉ

AVERTISSEMENT

J'ai réuni dans ce volume le Rapport que j'ai présenté à la Chambre des Députés le 6 août 1919, au nom de la Commission chargée d'examiner le Traité de Versailles, sur les parties II et III de ce Traité (Frontières d'Allemagne — Clauses politiques européennes), et le Discours prononcé par moi devant la Chambre, sur le même sujet, le 26 du même mois. Le Discours, plus général, servira d'introduction au Rapport, en ordre chronologique renversé.

Ce sont les deux derniers actes de ma vie parlementaire. Il me semble que je ne pouvais pas la clore plus utilement.

Ch. B.

La Haye, le 30 novembre 1919.

INTRODUCTION

DISCOURS

PRONONCÉ DANS LA DISCUSSION

SUR LE TRAITÉ DE PAIX DE VERSAILLES

A LA CHAMBRE DES DÉPUTÉS

LE 26 AOUT 1919

DISCOURS

PRONONCÉ DANS LA DISCUSSION SUR LE TRAITÉ DE PAIX

A LA CHAMBRE DES DÉPUTÉS

LE 26 AOUT 1919

MESSIEURS,

C'est un trait commun des constitutions et des traités de paix que leurs auteurs semblent se les représenter comme bâtis pour l'éternité, et que nulle part les hommes, bien plus par lassitude ou besoin d'en finir que par orgueil, ne sont aussi portés à se reposer dans leur œuvre. *(Très bien! très bien!)*

La plus grande guerre que le monde ait jamais connue devait naturellement se terminer par la plus grande paix. Les auteurs du traité de Versailles ont eu — l'un d'eux ne l'a pas caché — le sentiment qu'ils faisaient du nouveau et du définitif, ou que, si tout ce qu'ils faisaient de nouveau n'était peut-être pas définitif, du moins tout ce qu'ils avaient fait de définitif était nouveau. Ils ont eu l'intention, et on ne leur ferait pas injure en disant qu'ils ont eu l'ambition d'en faire. *(Très bien! très bien!)*

La deuxième des Quatre propositions, en addition aux Quatorze, que le Président Wilson a émises dans son discours du 11 février 1918, déclarait « que les peuples et les provinces ne doivent pas faire l'objet de marchés entre souveraineté et souveraineté, comme s'ils étaient de simples objets ou de simples pions d'un jeu, même du grand jeu, maintenant à jamais discrédité, de l'équilibre des forces ».

Ce grand jeu discrédité de l'équilibre, c'était celui que s'était flatté d'avoir inventé le Congrès de Vienne; et, avant lui, le Congrès de Westphalie s'était flatté d'en avoir inventé un autre, qui pouvait être le jeu de la prépondérance d'une force. *(Très bien! très bien!)*

Maintenant, voici le nouvel Évangile ou, pour quelques-uns, le nouveau Coran. Plus de prépondérance d'une force, plus d'équilibre des forces; la coordination subordonnée des forces. Au-dessus des hautes puissances, une plus haute puissance, la puissance des puissances. Au-dessus des nations, une supernation, la Société des nations, et s'il lui manque encore trop pour qu'on puisse parler d'un superétat; — si, par exemple, il lui manque une armée; — le germe ou l'amorce d'un superétat, qui ferait d'elles toutes, des plus juste-

ment fières de leur vieille unité et de leur grande
personnalité, les parties seulement ou les membres d'une sorte de confédération d'ordre international. Le sens des mots lui-même en est changé,
les anciens mots n'ont plus de sens. Souveraineté?
Être souverain, c'était, hier, aux termes d'une
définition classique, « n'avoir pas de supérieur
humain ». Demain, on pourra sans doute parler
encore de liberté, d'égalité, de solidarité, mais au
second rang ; et de souveraineté, point : les nations
ne seront libres, égales et solidaires que dans la
Société des nations, seule souveraine, puisqu'elle
seule n'aura pas de supérieur humain. *(Très bien !
très bien !)*

Cela, oui, est une nouveauté. Il faut, à des
esprits formés par l'antique discipline d'une très
longue existence nationale, le temps de s'y habi-
tuer. Quand on se retourne vers le passé, rien
n'était moins dans le plan français. Ce n'est pas
préjuger mal de l'expérience que de le constater
et de ne l'accueillir que sous cette réserve, comme
une expérience. Il reste qu'en ses entreprises,
ses intentions ou ses ambitions, le traité du
28 juin 1919 couvre et, surtout après que s'y
seront joints les traités avec l'Autriche, la Hongrie, la Bulgarie et la Turquie, couvrira un
domaine beaucoup plus vaste que tous les traités
antérieurs. L'œuvre a été conçue immense, hors

de proportion avec tout ce qui avait été précédemment tenté; pour faire grand, on a voulu faire énorme : la tradition française y eût mis, jadis, plus de mesure. *(Très bien! très bien!)*

Mais, telle qu'on l'a conçue, qu'en a-t-on fait, au total, et quelle est l'œuvre dans sa réalité?

J'appelle « la réalité de l'œuvre » le contenu positif de la paix, et j'évalue le « contenu positif de la paix » par rapport au triple but de la guerre qu'a marqué, pour nous, la formule : restitutions, réparations, garanties.

L'Alsace et la Lorraine nous sont rendues. N'eût-elle fait que nous les rendre, la seconde paix de Versailles, effaçant la première, qui nous les avait arrachées, serait une paix glorieuse et heureuse. Elle nous rend nos fidèles provinces, franches et quittes de toutes dettes et charges, par une dérogation unique et solennelle aux dispositions générales du traité. Elle nous les rend telles qu'elles nous avaient été ravies; elle les réintègre dans la souveraineté française, et c'est donc deux millions de Français que nous retrouvons.

Mais, précisément, elle nous les rend telles quelles; elle nous restitue tels quels « les territoires cédés à l'Allemagne, en vertu des préliminaires de paix de Versailles, le 26 février 1871, et du traité de Francfort du 10 mai 1871 ».

L'article 27, qui fixe sur huit points les frontières

de l'Allemagne, porte en son paragraphe 3 : « Avec la France, la frontière du 18 juillet 1870, depuis le Luxembourg jusqu'à la Suisse. »

Osons dire que la France victorieuse attendait et espérait mieux. *(Applaudissements.)*

A l'ouverture de la Conférence de la paix, le 18 janvier 1919, M. le Président de la République avait affirmé :

« La justice est logique, en demandant que des garanties soient données, avant tout, aux nations qui ont été et qui peuvent être encore le plus exposées à des agressions ou des menaces, à celles qui ont maintes fois risqué d'être submergées sous le flot périodique des mêmes invasions. »

Ces garanties, les garanties nécessaires contre le flot sans cesse ramené de l'invasion, entre la France et l'Allemagne, il n'y en a qu'une : le Rhin. Pétrarque a dit de l'Italie : « La nature a bien pourvu à notre État, qui a mis le rempart des Alpes entre nous et la rage allemande. » Elle nous a moins bien traités : entre la rage allemande et nous, la nature n'a mis qu'un fleuve. Mais du moins elle l'y a mis, c'est la diplomatie qui l'a supprimé.

La frontière franco-allemande, après le 10 mai 1871, n'était plus du tout une frontière, mais seulement le bord saignant d'une mutilation. La frontière au 18 juillet 1870, qui était celle de 1815, nous a livrés à l'ennemi, il y a quarante-neuf ans. La frontière de 1814, qui était, avec des variantes, à peu près celle de 1792, n'était déjà pas excellente, mais elle était meilleure ou moins mauvaise. Que ce fût d'ailleurs l'une ou l'autre, plus nécessairement encore si c'était la frontière de 1815 et de 1870, la France n'avait de sûreté contre l'Allemagne que maîtresse militairement du Rhin.

« Par sa direction sud-nord, perpendiculaire aux grandes lignes d'invasion, par le volume de ses eaux et la rapidité de son cours, ainsi que par la largeur de son lit, le Rhin est une des barrières naturelles les plus difficiles à franchir, même pour des armées modernes », a écrit un technicien réputé. « Le Rhin, a dit un autre, est le fossé, non seulement de l'Alsace, mais de la France entière », et non seulement de la France, mais de tout l'Occident.

La France peut avoir, à l'est, une autre frontière politique, qui peut être avancée ou reculée ici ou là, mais la France, la Belgique, l'Angleterre, et, par delà l'Océan, l'Amérique elle-même n'ont, à l'est, qu'une bonne frontière militaire, le Rhin. Jamais, tant que le Rhin n'a pas été cette frontière, nous n'avons eu de sécurité ni de tranquillité. Jamais nous n'en aurons, tant qu'il ne le sera pas. A cette garantie qui ne peut nous venir que de lui seul, aucune garantie extérieure ne suppléera tout à fait. Il peut y en avoir d'accessoires et de complémentaires, il n'y en a point d'équivalente; il en est qui peuvent s'y adjoindre, il n'en est pas qui puisse en dispenser.

Si le Rhin est le fossé de la France, et d'abord le fossé de l'Alsace, fossé magnifique, la Lorraine, elle aussi, a le sien, plus modeste, mais non négligeable encore, la Sarre, de Sarreguemines à Merzig. C'est, dans tout le pays compris entre la Moselle et le Rhin, un des rares obstacles qui aient quelque valeur. La Prusse, installée en 1815 sur cette frontière, y ouvrit une large brèche; elle exigea qu'on lui remît la forteresse française de Sarrelouis. La vieille place de guerre a perdu, au cours du dix-neuvième siècle, toute valeur militaire; elle a été déclassée en 1889 et son enceinte a été complètement détruite. Mais les hauteurs qui la dominent au sud, celles qui surveillent le confluent de la Bliess et de la Nied, conservent toute leur valeur de défense. Elles s'élèvent à 150 et 200 mètres au-dessus de la vallée et commandent au loin la rive droite, beaucoup plus basse.

Sans doute, par l'article 45 du traité, « en compensation de la destruction des mines de charbon dans le nord de la France », l'Allemagne cède à la France la propriété entière et absolue, avec droit exclusif d'exploitation, des mines de charbon situées dans le bassin de la Sarre, délimité comme il est dit à l'article 48. Et la délimitation de l'article 48 est économiquement acceptable. Je n'oublie pas cette disposition et me garderai bien d'en médire, sachant où l'idée en est née et ayant mes raisons pour ne pas la désavouer. Le droit exclusif d'exploitation du fond, devenu propriété française, ne pouvait pas ne pas entraîner un droit de regard, exclusif ou partagé, sur la surface. Nous l'avons, partagé, sous le contrôle de la Société des nations. Au bout de quinze ans, un plébiscite fera connaître si le territoire du bassin de la Sarre veut retourner au Reich allemand, s'il veut s'agréger à la France, ou s'il s'accommode définitivement du régime international. Faisons le silence sur la complication de ce régime, qui, certainement, n'est pas sans risques, et peut-être n'est pas sans périls.

De toute évidence, une telle solution de la question du bassin de la Sarre n'est qu'un pis-aller. Mais « il s'en faut, faisait observer, dans les dernières pages qu'il ait écrites, le maître de l'école géographique française, Vidal de la Blache, il s'en faut que, sur la Sarre, tout se réduise pour nous à une question de charbon. Il s'agit tout autant de notre sécurité. Il s'agit de boucher quelques-uns des trous que les profonds calculs de la Prusse avaient creusés tout le long de nos frontières du

Nord-Est, depuis le Rhin jusqu'aux sources de l'Oise, et de réparer la faute commise par l'Angleterre contre l'Europe et contre elle-même, en adoptant, comme un chef-d'œuvre de politique, l'idée de mettre la Prusse en contact avec la France sur la rive gauche du Rhin. »

Nous voici au point vif. La Prusse, développée en Reich allemand, l'Allemagne prussifiée reste installée sur la rive gauche. Je le sais : tout de suite on objectera qu'il y a les articles 42 et 43, qui interdisent à l'Allemagne de maintenir ou de construire des fortifications, d'entretenir ou de rassembler des forces armées, d'exécuter des manœuvres militaires, de maintenir des facilités matérielles de mobilisation, soit sur la rive gauche du Rhin, soit dans une zone d'une largeur de 50 kilomètres à l'est du fleuve, sur la rive droite. Cette zone de 50 kilomètres sur la rive droite, et toute la rive gauche, sont ainsi démilitarisées, amilitarisées, rendues inutilisables à l'Allemagne pour ses desseins sinistres, si elle en nourrissait.

Mais ce ne sont, pour nous, que des « sûretés négatives ». Elles consistent dans ce que l'Allemagne ne peut pas faire. Nous, qui nous sommes donné pour règle de juger de la paix à son « contenu positif », nous sommes obligés de demander : « Mais si pourtant l'Allemagne voulait, si elle essayait, qu'est-ce que nous pourrions? » Des forces interalliées occupent, sur les trente et un passages qui s'échelonnent de la frontière suisse à la frontière hollandaise, les trois têtes de pont de Mayence, de Coblence et de Cologne, outre la tête de pont de Kehl, en face de Strasbourg français. Mais c'est une occupation toute précaire, toute temporaire : Cologne peut être évacuée dans cinq ans, Coblence dans dix, Mayence et Kehl le seront, tout le sera dans quinze, ou même avant, et l'on ne parle que de raccourcir encore ces délais déjà si courts. Ici, également, je sais ce qu'on répond : « Mais il sera possible de prolonger, il sera même permis de réoccuper. » En fait, il est toujours moins difficile de ne pas lâcher ce qu'on tient que de ressaisir ce qu'on a lâché.

Temporaire et précaire, c'est le caractère même de l'occupation militaire, par opposition à la frontière militaire, qui, elle, de sa nature, est permanente, perpétuelle. Il nous fallait plus que l'occupation, eût-elle été plus longue : la frontière militaire du Rhin, marquée au moins par la possession des six têtes de pont principales, de Kehl (Strasbourg), Mannheim (Ludwigshafen), Kastel (Mayence), Ehrenbreitstein (Coblence), Deutz (Cologne), et, au nord, Wesel.

Qui dit « frontière militaire » ne dit nullement « frontière politique ». Entre l'une et l'autre, il n'y a pas coïncidence nécessaire. Il nous fallait l'une ;

nous ne songions point à réclamer l'autre. Peut-
être n'a-t-on pas fait là-dessus assez de lumière.
Une certaine confusion a pu résulter de l'usage
obstiné d'une mauvaise expression. Jusque dans
le titre de son mémoire si pressant, et véritablement si fort, du 25 février, notre Gouvernement
proposait « la fixation au Rhin de la frontière
occidentale de l'Allemagne »; et, par ce terme
indéfini : « la frontière occidentale », les délégués
des gouvernements alliés et associés ont pu
entendre autre chose que la seule chose qui fût en
question : la frontière militaire. Mais, quoi qu'ils
aient été enclins à entendre, comment ne s'est-il
pas trouvé un de nos plénipotentiaires pour expliquer, ou comment s'est-il trouvé un de leurs
hommes d'État pour ne pas comprendre que, de
1815 à 1919, la situation était exactement retournée? Ce qui, à tort et au détriment de l'Europe,
au plus grand dam, finalement, de l'Angleterre
elle-même qui devait, après un siècle, le payer de
tant de sacrifices, avait paru un chef-d'œuvre de
la politique, cette conception qui s'est révélée une
si pitoyable et si formidable erreur, l'installation
de la Prusse sur la rive gauche du Rhin, pouvait à
la rigueur se défendre en 1815, quand on avait
devant soi une France tout effervescente encore
d'une révolution débordante et d'un impérialisme
conquérant. Il pouvait paraître prudent de prendre

contre elle, ou envers elle, des précautions même excessives. Deux guerres d'agression ont été rendues possibles par ces précautions mêmes, et dans les deux, l'agresseur n'a pas été celui contre qui on les avait prises; la Prusse, au contraire, et l'Allemagne, se sont empressées de passer par les portes que la plus téméraire, la plus aveugle des fausses prudences leur avait ou bien ouvertes ou bien ménagées. Ces portes, ces poternes, ces trappes dont notre frontière de 1815 a été coupée et trouée, le traité de Versailles ne les ferme pas toutes.

« Et comptez-vous pour rien Dieu qui combat pour nous? » — Je compte pour tout ce qu'elles valent l'alliance des États-Unis et l'alliance de la Grande-Bretagne. Je les tiens pour parfaites, pour ratifiées, pour réalisées en des conventions militaires. Mais les plus puissantes nations du monde ne peuvent donner que ce qu'elles ont. Comme tout en ce monde, elles sont soumises aux lois de l'espace et du temps. « Croyez-vous, interroge-t-on, quelquefois non sans humeur, que l'Allemagne nous eût attaqués, si elle avait été prévenue qu'elle allait, en nous attaquant, provoquer contre elle l'intervention de l'Angleterre? » Non, je ne le crois pas; cependant le rapport de 1912, dont Ludendorff se reconnaît l'auteur, force à penser que rien n'est moins certain.

Ce qu'il est raisonnable d'admettre, c'est que l'alliance déclarée de la Grande-Bretagne et l'alliance déclarée des États-Unis avec la France, s'ajoutant à la majesté de la Société des nations, la matérialisant pour ainsi dire dans une forme concrète, toute revêtue de fer et d'or, exercerait sur l'Allemagne un pouvoir d'inhibition morale considérable. Le signe même d'une pareille alliance est un avertissement. Pourtant, sans nier ce pouvoir ni le diminuer, supposons que l'Allemagne, par un coup de cynisme dont son histoire offre plus d'un exemple, ayant justement calculé d'après les lois du temps et de l'espace, n'étant plus, à l'est, contenue ni détournée par une Russie annihilée, et qui sait? peut-être gagnée et exploitée comme un réservoir d'hommes et de ressources inépuisable; supposons que cette Allemagne, demeurée guerrière, laborieuse, patiente, organisatrice, soulevée par la haine, animée par la rancune, excitée par l'esprit de revanche spontanément jailli ou savamment cultivé, saute le pas, se lance dans l'aventure et joue le tout pour le tout : le pouvoir d'inhibition morale, auquel il faudrait des semaines pour se manifester en contrainte armée, lui serait-il un frein suffisant? Tout le problème se réduirait pour elle à refaire ses horaires et, cette fois, à les faire justes : la stratégie sans obstacles, comme la politique sans scrupules, est une géométrie.

Mais, se récrie-t-on, les moyens de nuire lui sont ôtés. Le Reich allemand de 1919 ne ressemble plus du tout, militairement, à l'Empire allemand de 1914, et celui de 1934, lorsque, dans quinze ans, auront été éliminés, comme valeur militaire, les trois ou quatre millions d'hommes échappés vivants et valides de la guerre, lui ressemblera beaucoup moins encore. On ne laisse à l'Allemagne que 100 000 hommes, recrutés par engagement volontaire de douze ans et sur lesquels 4,000 officiers engagés pour vingt-cinq ans. Ce n'est plus la machine à faire trembler et à faire marcher l'Europe. Et l'on sourit presque de Napoléon qui voulut désarmer la Prusse, qui crut l'avoir fait parce qu'il l'avait dit, et qui fut trompé. En prenant le contre-pied des mesures qu'il imposa, en intervertissant le court terme et le long terme, on espère réussir où il a échoué. Je vois bien qu'on range les armes au râtelier, mais je ne vois pas qu'on change les âmes au berceau. Je ne vois pas même qu'on touche, sauf pour la rassembler et la resserrer, à l'armature prussienne de l'Allemagne.

Sur la rive gauche du Rhin, il y avait, dans l'Empire qui vient de s'écrouler, quatre territoires distincts : le Palatinat bavarois, une partie de la Hesse, l'ancienne principauté de Birkenfeld, réunie au grand-duché d'Oldenbourg, et la province qu'on nomme « la Prusse rhénane ». Mais, en réalité, il n'y a pas de Prusse rhénane. La Prusse et le Rhin jurent d'être accouplés. Il n'y a jamais eu de Prusse sur la rive gauche du Rhin. Le Prussien n'y pousse que comme une mauvaise herbe implantée du dehors : ce n'est pas une production du sol : la soi-disant Prusse rhénane est une création artificielle et artificieuse des traités de 1815. Tout ce pays n'est pas ethniquement, originairement allemand, il est peuplé d'un mélange à base celtique. « Les Rhénans, a dit Henri Heine, ne sont ni des Allemands, ni des Français, mais des Belges. » Ce sont tout bonnement des Rhénans.

Voilà ce que nous pouvions soutenir, ce que nous devions soutenir, et ce que peut-être nous avons avancé, mais nous n'avons pas soutenu. Nous n'avions pas à revendiquer pour nous la rive gauche du Rhin, mais il y avait à la revendiquer pour elle. Il y avait à faire pour elle ce qu'on a fait pour d'autres qui n'y avaient pas plus de titres : il y avait à la consulter. Il y avait à nous défendre de vouloir ou de convoiter ce qui n'était pas à nous et à ne pas laisser sans discussion à d'autres ce qui n'était ni à nous, ni à eux. Il y avait à appliquer là le principe qu'on appliquait si généreusement ailleurs. « Les peuples ont le droit de disposer librement d'eux-mêmes. »

Cette règle est depuis longtemps la nôtre et nous nous sommes félicités de l'entendre formuler par nos amis, mais nous n'avions à la recevoir de personne. « Nous possédons au dix-neuvième siècle un principe de droit public qui est infiniment plus clair et plus indiscutable que votre prétendu principe de nationalité, écrivait Fustel de Coulanges contre Mommsen, le 27 octobre 1870. Notre principe, à nous, est qu'une population ne peut être gouvernée que par les institutions qu'elle accepte librement, et qu'elle ne doit aussi faire partie d'un État que par sa volonté et son consentement libre... Que la Prusse le veuille ou non, c'est ce principe-là qui finira par triompher. Si l'Alsace est et reste française, c'est uniquement parce qu'elle veut l'être... » Et, frappant en quelque sorte sa pensée en médaille : « La patrie, c'est ce qu'on aime », concluait l'historien, par la bouche de qui s'exprimaient, à cette heure tragique, le génie et l'histoire même de la France. (*Applaudissements.*)

Est-il sûr que, désormais, la « patrie allemande » ne soit faite que de populations qui l'aiment et qui l'ont ou l'auraient librement choisie? Ce qui est sûr, c'est que, dans les dimensions qu'elle conserve, la charpente en est plus étroitement jointe. Le traité, dès son protocole, y donne un tour de vis. « Et l'Allemagne, d'autre part, » dit-il. L'Allemagne est un bloc. L'Allemagne est élevée ici à une puissance d'unité qu'elle n'avait jamais eue. On n'a invité à Versailles que des délégués du seul Reich allemand; le Reich seul a été admis à présenter ses remarques; il a signé tout seul; il a ratifié tout seul.

Je veux m'abstenir de toute controverse juridique, bien que, sur la pleine validité de la signature et de la ratification par le Reich tout seul, il puisse y avoir au moins un doute. Mais, politiquement, pense-t-on que l'opération ait été habile? Et je dis habile « du point de vue français », qui eût dû être fixé invariablement depuis trois siècles, tenu plus fermement encore depuis la formation, l'agrandissement, la suprématie de la Prusse et qui se résume en ceci que, plus l'Allemagne, à côté de nous, est unie, plus nous avons, en face de nous, une Allemagne ennemie. Peut-être n'était-ce que notre point de vue, et d'autres, de plus loin, aperçoivent-ils l'Europe sous un autre angle. Mais peut-être aussi est-ce regrettable pour nous, pour l'Europe et pour eux-mêmes.

L'Europe : les négociateurs l'ont-ils eue présente devant les yeux et vivante dans l'esprit? Enfoncés et un peu perdus dans l'immensité de la forêt ignorée, ils ne l'ont découverte que canton par canton, et comme en se heurtant aux arbres : ils ne l'ont jamais embrassée du regard en sa structure, sa masse et sa profondeur. Dans quel état nous remettent-ils le continent bouleversé par une accumulation de catastrophes? Tirons une ligne qui coupe, du nord au sud, l'Europe par le milieu. A l'ouest, vaille que vaille, la paix est faite : c'est-à-dire qu'on ne se bat plus. A l'est, il n'y a point de paix, et l'on se bat partout. Mais si, par « faire la paix », on entend « résoudre les questions », c'est bien pis : presque nulle part elles ne sont résolues, ou du moins presque partout il en reste à résoudre.

Même dans l'ouest de l'Europe. Le traité attribue à la Belgique le territoire de Moresnet, et, sous la condition qu'il n'y aura pas trop de réclamations, les cercles d'Eupen et de Malmédy. Ce n'est qu'une rectification de frontière. Restent les grosses questions, pour elle vraiment vitales : les bouches de l'Escaut, le canal de Gand à Terneuzen, les communications par eau avec le pays rhénan, surtout le Limbourg. Ce qui s'est passé dans le Limbourg, ce qui a passé par le Limbourg en novembre 1918, prouve que cette question n'intéresse pas seulement la Belgique et la Hollande, mais est une question européenne, une question occidentale, un aspect ou une partie de la question de la rive gauche du Rhin. De même la question du Luxembourg. Le traité de Versailles la pose, mais ne la résout pas. Il dit ce que le grand-duché a cessé d'être, il ne dit pas ce qu'il va devenir. De même encore, il ouvre et laisse entre-bâillée la question du territoire du bassin de la Sarre, qui ne sera close que dans quinze ans.

Sur la frontière méridionale de l'Allemagne, se constitue ou se reconstitue un État tchéco-slovaque, première maille de la ceinture de force que la Conférence a eu l'idée — c'est la seconde de ses grandes idées — de passer au Reich allemand. Malheureusement, pour sa solidité, la ceinture est percée et rompue vers sa boucle par le fatal quadrilatère de Glatz, où, complètement abritée par une quadruple chaîne de montagnes, appuyée sur une forteresse redoutable, servie par un réseau très dense de chemins de fer et de routes, l'Allemagne peut mobiliser à l'aise, et d'où elle peut s'élancer à son gré, en plusieurs directions, qui toutes la mènent droit au cœur de l'Europe centrale. Une faute ou une négligence, dont il faut craindre que l'avenir ne connaisse le poids, a été commise là. Il se pourrait aussi qu'on en eût commis une autre en accordant et en différant trop, après l'avoir accordé, un plébiscite en Haute-Silésie. L'Allemagne le prépare, alors que la Conférence tâtonne, par ses méthodes renforcées jusqu'à déchaîner une insurrection contre laquelle elle a d'avance monté un instrument de répression exterminatrice. C'est sa manière, à elle, d'assurer le plébiscite. L'incertitude du résultat tient en suspens, dans le traité, la bande de terrain comprise entre l'ancienne frontière austro-allemande et la frontière administrative des cercles de Leobschütz et de Ratibor. Sera-t-elle tchèque? Sera-t-elle allemande? Cela dépend de ce qui sera polonais.

La Pologne ressuscitée attend du plébiscite non seulement en Haute-Silésie, mais en Prusse orientale, dans le gouvernement d'Allenstein, le souffle qui la vivifiera. Pour le moment, c'est comme un corps privé de ses deux poumons. Mais d'où viendra le souffle? La terre vit de la mer. Il n'y a et il n'y aura de Pologne que si elle a un accès libre, sûr et commode à la mer. Or, on ne touche la Baltique, en territoire polonais, que sur un lambeau de côte où il est impossible de construire un bon port. De là, la solution de Dantzig, ville de caractère allemand, érigée en ville libre, afin de donner ou de prêter à la Pologne un port libre. Et de là, un chemin polonais du sud au nord. Mais, comme ce qui restera de la Prusse orientale se trouverait séparé de l'Allemagne, et comme il faut que la province communique pourtant avec l'État, de là un chemin allemand de l'est à l'ouest, et les deux routes s'entre-croisent sur le territoire libre de Dantzig, dont la tutrice et la garante, la Société des nations, fera bien dès maintenant d'organiser sérieusement la police.

Au nord-est, Memel et la région du Bas-Niémen

sont destinés à former tampon entre l'Allemagne et la Russie ou les États démembrés de l'Empire russe. Au nord, le plébiscite promis et éludé depuis 1866 va dire enfin ce qui veut rentrer du Slesvig dans la nationalité danoise et ce qui consent à rester sous le joug allemand. Du moins, pour la zone septentrionale et la zone moyenne du Slesvig, si les autorités civiles et les forces militaires allemandes, dont on tolère la présence et l'action dans la troisième zone, ne réussissent pas à le sophistiquer. *(Très bien ! très bien !)*

Telle est l'Europe du traité de Versailles, telle est la fraction de l'Europe en relation immédiate avec les frontières de l'Allemagne. Si nous la regardons de haut, à l'est de sa ligne médiane, nous ne voyons plus qu'un grand État actuel, le Reich allemand. Dans les vastes contrées de l'Europe centrale et orientale où, avant la guerre, il y en avait deux autres, l'Autriche-Hongrie et la Russie, l'Allemagne se redresse vite et bientôt se dressera seule comme grand État actuel. Peut-être y a-t-il dans la Pologne et dans la Tchéco-Slovaquie, pour ne parler que des nations qui figurent au traité du 28 juin, la matière de grands États nouveaux. Mais, comme grands États, et même un peu comme États, nous pouvons le dire, nous, dont c'est le désir et l'intérêt qu'ils soient le plus rapidement et le plus pleinement possible : aujourd'hui, ils ne sont encore qu'éventuels. C'est un bonheur que « le jeu de l'équilibre des forces » ait été décrété à jamais périmé, car il est clair que, dans le Centre et l'Orient de l'Europe, les forces ne sont plus, et, d'ici à un temps indéterminé, ne seront pas en équilibre.

A la place de la moitié autrichienne de la monarchie austro-hongroise, une Autriche allemande, hésitante entre le Reich allemand et une confédération danubienne, mais subissant d'autant plus fortement l'attraction du Reich, qu'il subsiste, se condense, se concentre, tandis que la confédération danubienne n'existe pas, et que les éléments s'en dispersent et tourbillonnent sans s'accrocher. A la place de la moitié hongroise, des comitats magyars ou magyarisés qui s'écartèlent entre la Tchéco-Slovaquie ou la Pologne, l'Autriche allemande, la Yougo-Slavie ou la Roumanie. Dans l'Europe centrale, un gouffre creusé par la dissolution de l'Autriche-Hongrie; mais, dans l'Europe orientale, un abîme béant par la décomposition de la Russie.

Se refera-t-il ou ne se refera-t-il pas une grande Russie, et de quelle grandeur? De l'État gigantesque, en ses points les plus sensibles, à ses bords, quels morceaux seront détachés? Comment seront réglées les questions de Finlande, d'Estonie, de Lituanie, d'Ukraine, etc.? Par un coup de baguette magique, la question de « la liberté des mers » a disparu sous le tapis de la table de la Conférence. Mais le même coup de baguette n'a pu escamoter une autre question ou une autre position, plus urgente, de la question, celle de la maîtrise, de la domination des mers ». Il y a une question de la Baltique, une question de l'Adriatique, une question de la Méditerranée orientale, une question de la mer Egée, une question des Détroits, une question de la mer Noire, dont il faudra s'occuper maintenant ou demain; et, pour après-demain, sans doute, en réserve, une question des mers de Chine. (*Très bien! très bien!*)

La paix sur une terre ainsi faite, je ne le dis qu'avec chagrin, voudrait des hommes autrement faits. Je veux bien saluer l'avènement de la Société des nations: Mais, si cette guerre a été la guerre des nations, les races ont à présent leur tour, et cette paix est la leur: Il en ressort, par la conciliation d'un dissentiment, par l'abandon d'un ressentiment séculaire, une politique anglo-saxonne.

On ne doit certes pas accepter comme une vérité révélée et intangible la théorie des races. Néanmoins, elle contient du vrai. A côté de cent cinquante millions d'Anglo-Saxons, on compte cent cinquante millions de Slaves, une centaine de millions de Germains, une centaine de millions de Latins. Ce sont les quatre chevaux à tirer le monde. Il faut atteler ensemble ceux qui ne se battent point et qui peuvent marcher du même pas pour le faire avancer ou simplement pour l'empêcher de rétrograder.

Comme la Société des nations, nous saluons l'alliance franco-anglaise et l'alliance franco-américaine. Mais l'union anglo-saxonne appelle tout de suite un premier complément, l'entente latine. Il y a eu dans la guerre quatre grandes puissances d'Occident alliées et associées : il faut que ces quatre grandes puissances se retrouvent, dans la paix, alliées pour la paix. Afin qu'elles puissent l'être, ainsi qu'elles doivent l'être, du fond du cœur, veillons sur nos actes, sur nos gestes et sur nos paroles. Les peuples, comme leurs chefs, ont leurs susceptibilités, et elles se multiplient les unes par les autres. On ne sait jamais ce qu'un mot qui blesse peut tuer. (*Applaudissements.*)

En cela encore, en cela d'abord, nous faire aimer pour nous faire aider au besoin, la paix doit être une « création continue ». On a dit d'elle : C'est une paix trop douce pour ce qu'elle a de sévère. C'est une paix dont les clauses d'exécution sont trop faibles pour ses conditions mêmes. C'est une paix à terme, à échéances brèves et longues, non pas une paix mal assise, mais une paix debout. C'est une paix qu'il nous faudra gagner à la sueur de notre front, pendant toute une suite d'années. C'est une paix plastique et pragmatique qui sera ce que nous la ferons et qui ne sera que si nous ne nous lassons pas de la faire. Œuvre humaine, on en convient, le traité du 28 juin a, comme toute œuvre humaine, ses qualités et ses défauts; disons davantage : il a les qualités de ses défauts. Qu'il ne soit pas présentement achevé, c'est un défaut, mais c'est aussi une qualité, parce que, devant valoir par son application, il peut et pourra longtemps, dans le détail, être mis au point.

Seulement, il exige beaucoup. Il exige de nous, pour une durée continue comme la « création » à laquelle il s'agit de travailler, la chose la plus rare et la plus fragile : un gouvernement. Je ne prétends pas — tout au contraire, je me refuse avec persévérance à le croire — que le régime soit incapable d'en produire un; mais je dis qu'une pratique défectueuse, parfois presque paradoxale, en rend la formation et l'existence très difficiles.

Si le génie est une longue patience, la vertu est un long effort, et, dans la vie des nations, il n'y a, au jour de la justice, que la vertu de récompensée. Il ne suffit pas de répéter : Démocratie! Démocratie! L'incantation ne fait pas le miracle. Et c'est, d'ailleurs, plus qu'un miracle qu'il faut à la France, couchée dans la gloire, pour se relever dans la fortune. Il lui faut un quart de siècle d'humbles prodiges quotidiens, de volonté et d'activité, d'intelligence et d'énergie, de sagesse et de hardiesse, d'économie et d'entreprise, d'ordre et de labeur.

La montée est rude, le chemin peut se perdre. Où est le guide?

Ce langage, peut-être un peu dur à entendre, n'était pas agréable à tenir. Mais j'ai parlé pour ma conscience, dans une circonstance exceptionnelle où c'eût été lui manquer que de me taire. (*Vifs applaudissements.*)

RAPPORT

SUR LE PROJET DE LOI PORTANT APPROBATION

DU TRAITÉ DE PAIX

CONCLU A VERSAILLES LE 28 JUIN 1919

———

PARTIES II ET III

FRONTIÈRES D'ALLEMAGNE
CLAUSES POLITIQUES EUROPÉENNES

1

RAPPORT

DU TRAITÉ DE PAIX CONCLU A VERSAILLES LE 28 JUIN 1919

PARTIES II ET III

FRONTIÈRES D'ALLEMAGNE.
CLAUSES POLITIQUES EUROPÉENNE

I. — L'esprit des conditions de paix et leur application dans la réalité.

Parmi les quatorze propositions, ou plutôt positions
de thèse, formulées par le Président Wilson dans son
Message au Congrès des États-Unis du 8 janvier 1918,
acceptées, à diverses reprises, par les divers gouvernements, et, peu à peu, devenues, par une sorte de
consentement universel, la règle, la base et comme
l'esprit des conditions de paix, il en est trois desquelles
devaient s'inspirer directement les clauses territoriales,
outre le principe général reconnaissant aux peuples
« la libre disposition d'eux-mêmes » et fondant la
garantie de leurs droits sur l'autorité supérieure de la
Société des nations.

Ce sont la septième, la huitième et la treizième, ainsi
conçues :

« 7° *Belgique.* — Le monde entier sera d'accord que

ce pays doit être évacué et restauré sans aucune tentative de limiter la souveraineté dont la Belgique jouit à l'égal des autres nations libres. Nul acte mieux que celui-là n'aidera à rétablir la confiance des nations dans les lois établies et fixées pour régir leurs relations entre elles. Sans cet acte de réparation, la structure et la validité de toutes les lois internationales seront pour toujours affaiblies;

« 8° Tout le territoire français devra être libéré et les parties envahies devront être entièrement restaurées. Le tort fait à la France par la Prusse en 1871, en ce qui concerne l'Alsace-Lorraine, et qui a troublé la paix du monde pendant près de cinquante ans, devra être réparé, afin que la paix puisse être, encore une fois, assurée dans l'intérêt de tous;

« 13° Un État polonais indépendant devrait être constitué, comprenant les territoires habités par des nations incontestablement polonaises, lesquelles devraient être assurées d'un libre accès à la mer; l'indépendance politique, économique et l'intégralité territoriale de ces populations seront garanties par une convention internationale. »

A ces quatorze « points » du 8 janvier sont venus s'ajouter, un mois après, les quatre points du 11 février 1918 (*Discours du Président Wilson devant le Congrès des États-Unis, en réponse au Chancelier allemand, comte Hertling, et au Ministre des Affaires étrangères d'Autriche-Hongrie, comte Czernin*) :

« Premièrement, que chaque partie du règlement final doit être basée sur la justice essentielle du cas particulier envisagé et sur les arrangements les plus propres à assurer une paix qui soit permanente;

« Deuxièmement, que les peuples et les provinces ne doivent pas faire l'objet de marchés entre souveraineté et souveraineté, comme s'ils étaient de simples objets ou de simples pions d'un jeu, même du grand jeu, maintenant à jamais discrédité, de l'équilibre des forces;

« Troisièmement, que tout règlement territorial se rapportant à cette guerre doit être fait dans l'intérêt et au bénéfice des populations intéressées, et non pas comme partie d'un simple arrangement ou d'un compromis de revendications entre États rivaux;

« Quatrièmement, que toutes les aspirations nationales bien définies devront recevoir la satisfaction la plus complète qui puisse être accordée sans introduire de nouveaux ou perpétuer d'anciens éléments de discorde ou d'antagonisme susceptibles, avec le temps, de rompre la paix de l'Europe et, par conséquent, du monde. »

Les unes et les autres, ces dix-huit propositions eussent pu n'être pas tenues pour des vérités révélées. Mais, du moment qu'elles ont été acceptées par toutes les Puissances et prises pour base des négociations qui ont conduit soit à l'armistice, soit au Traité de paix, il n'y a plus qu'à voir comment elles se sont traduites en pratique; plus particulièrement ici, comment elles ont été appliquées sur le terrain : quelle forme et pour ainsi dire quelle figure l'idée a revêtue dans la réalité.

Pour les nations victorieuses, *l'esprit des conditions de paix* a toujours pu tenir en trois mots : Restitutions, Réparations, Garanties. Elles n'ont jamais voulu demander rien au delà. Cela, du moins elles voulaient et veulent l'avoir. En ce qui concerne les questions territoriales, restitutions, réparations et garanties s'inscrivent nécessairement dans de justes rectifications de frontières. Mais, à entendre la Délégation allemande, le droit des peuples à disposer d'eux-mêmes serait partout violé par le Traité. Il le serait à l'ouest et à l'est, sur la Sarre, en Autriche, en Bohême allemande, dans le Slesvig, en Haute-Silésie, en Posnanie, en Prusse occidentale, à Memel, à Dantzig (1). Le simple exposé historique et géographique des faits va montrer si l'Allemagne a raison de se plaindre, et si les Alliés ont obtenu les satisfactions légitimes.

II. — Divisions de ce rapport.

Dans le traité signé à Versailles, le 28 juin 1919, par les plénipotentiaires des vingt-sept Puissances alliées et associées, moins la Chine, d'une part, et les représentants de l'Allemagne, d'autre part, les questions territoriales font l'objet de la *Partie II, Frontières d'Allemagne* (art. 27 à 30) et de la *Partie III, Clauses politiques européennes* (art. 31 à 117).

Sont déterminées ou considérées successivement les « frontières d'Allemagne » avec :

1° La Belgique ;
2° Le Luxembourg ;
3° La France ;
4° La Suisse ;
5° L'Autriche ;
6° La Tchéco-Slovaquie ;
7° La Pologne ;
8° Le Danemark.

L'article 28 décrit spécialement les limites de la Prusse orientale telle qu'elle sera désormais constituée, et les articles 29 et 30 sont comme un avertissement au lecteur pour l'interprétation du Traité dans son ensemble :

« ART. 29. — Les frontières telles qu'elles viennent d'être décrites seront tracées en rouge sur une carte au millionième, qui est annexée au présent Traité sous le n° 1.

(1) *Remarques de la Délégation allemande sur les conditions de paix*, p. 10.

En cas de divergences entre le texte du Traité et cette carte ou toute autre carte annexée, c'est le texte qui fera foi.

« Art. 30. — En ce qui concerne les frontières définies par un cours d'eau, les termes « cours » ou « chenal » employés dans les descriptions du présent Traité signifient : d'une part, pour les fleuves non navigables, la ligne médiane du cours d'eau ou de son bras principal, et d'autre part, pour les fleuves navigables, la ligne médiane du chenal de navigation principal. Toutefois, il appartiendra aux Commissions de délimitation prévues par le présent Traité de spécifier si la ligne frontière suivra, dans ses déplacements éventuels, le cours ou le chenal ainsi défini, ou si elle sera déterminée d'une manière définitive par la position du cours ou du chenal, au moment de la mise en vigueur du présent Traité. »

Sans doute, le « toutefois » de cette dernière phrase ne marque qu'une exception. La règle, c'est que la frontière, quand elle est définie par un cours d'eau, suive la ligne médiane soit du cours d'eau lui-même, s'il est unique, ou de son bras principal, s'il se partage en plusieurs bras, soit du chenal de navigation principal.

L'importance de cette observation est évidente, lorsqu'il s'agit de fleuves au cours naturellement changeant par des déplacements des terres et des eaux, ou artificiellement changé par des travaux d'appropriation. Pour le Rhin, notamment, qui, sur une grande partie de son cours, est moins un fleuve qu'un réseau de filets d'eau, ou qui, tout en coulant comme fleuve, s'enveloppe en quelque sorte de ce réseau, elle prend toute sa valeur si l'on compare les anciennes et les nouvelles cartes. Par exemple, c'est d'une de ces modifications que sont nées les enclaves badoises en Alsace. Le traité de 1815 avait bien laissé, de Huningue à

Lauterbourg, le Rhin comme frontière à la France. Mais, dans la seconde moitié du dix-neuvième siècle, le cours du fleuve fut rectifié; d'emprises en alluvions, le territoire badois s'en est trouvé comme poussé et avancé sur la rive gauche. On ne saurait donc stipuler trop exactement que, là où un fleuve fait frontière, le fleuve, c'est, par définition, le thalweg du fleuve. Malgré son « toutefois », l'article 30 a le mérite certain de le dire ou de le répéter.

En quatre endroits, qui touchent aux frontières d'Allemagne avec la France, avec la Pologne, avec le Danemark, et aux limites de la Prusse orientale, les dispositions de la Partie II se réfèrent à celles de la Partie III : *Clauses politiques européennes.* Ce sera éviter des retours et des redites que de réunir ces deux Parties dans un même examen. Aussi bien la deuxième partie n'est-elle guère qu'une sorte d'esquisse ou de sommaire de la troisième, qui, beaucoup plus développée, est elle-même subdivisée en quatorze sections :

Section   I. — *Belgique.*
—   II. — *Luxembourg.*
—   III. — *Rive gauche du Rhin.*
—   IV. — *Bassin de la Sarre.*
—   V. — *Alsace-Lorraine.*
—   VI. — *Autriche.*
—   VII. — *Tchéco-Slovaquie.*
—   VIII. — *Pologne.*
—   IX. — *Prusse orientale.*
—   X. — *Memel.*
—   XI. — *Ville libre de Dantzig.*
—   XII. — *Slesvig.*
—   XIII. — *Héligoland.*
—   XIV. — *Russie et États russes.*

Le plan de notre travail est par là tout tracé. Nous n'avons qu'à faire le tour de l'Allemagne, le long des frontières ainsi définies ou indiquées, du nord-ouest au nord-est, par l'ouest, le sud et l'est, en ajoutant, chemin faisant, au texte même du traité, les annexes jointes immédiatement à différentes sections : *Bassin de la Sarre, Alsace-Lorrraine, Pologne,* avec les instruments qui le complètent et les documents qui l'éclairent, savoir :

A. — Instruments diplomatiques.

1° L'*Arrangement entre les États-Unis d'Amérique, la Belgique, l'Empire britannique et la France, d'une part, et l'Allemagne d'autre part, concernant l'occupation des territoires rhénans,* signé, en même temps que le Traité de paix, à Versailles, le 28 juin 1919;

2° La *Convention entre les États-Unis d'Amérique, l'Empire britannique, la France, l'Italie et le Japon, Principales Puissances alliées et associées, d'une part, et la Pologne, d'autre part,* en vue de « conformer les institutions de l'État polonais aux principes de liberté et de justice et d'en donner une sûre garantie à tous les habitants des territoires sur lesquels il a assumé la souveraineté », convention également signée à Versailles, le même jour, 28 juin 1919;

3° Le *Protocole en vue de préciser les conditions dans lesquelles devront être exécutées certaines clauses du Traité, signé à la date de ce jour* (28 juin), ledit protocole lui-même revêtu des signatures des plénipotentiaires de toutes les Hautes Parties contractantes, y compris l'Allemagne, et dont nous retiendrons le paragraphe premier, relatif à la démolition des fortifications d'Héligoland.

B. — Documents.

1° Les *Notes adressées au président de la Conférence de la paix par la Délégation allemande;*

2° Les *Remarques de la Délégation allemande sur les conditions de paix, avec leurs annexes ;*

3° La *Réponse des Puissances alliées et associées aux remarques de la Délégation allemande, avec la lettre d'envoi.*

Sur plusieurs points, *Rive gauche du Rhin. Clauses politiques européennes,* envisagées en tant que statut de la future Europe, notre tâche se rapprochera de celle du rapporteur général ; sur un bien plus grand nombre encore, *Pacte de la Société des nations, Clauses militaires, Réparations, Clauses financières, Clauses économiques, Ports, voies d'eau et voies ferrées,* elle se confondra souvent avec celle de divers autres rapporteurs particuliers. Nous renverrons ordinairement à ces rapports tout ce qui pourrait être matière mixte, ne gardant pour le nôtre que ce qui intéresse le sol et les populations, ce qui, sans conteste et sans partage, est du domaine de la géographie et de l'histoire.

Quelques corrections, qui ont pour caractère commun d'être des adoucissements aux conditions de paix d'abord dictées à l'Allemagne, ont été apportées au texte remis le 7 mai à la Délégation allemande par le texte arrêté le 16 juin et signé le 28. Chaque fois que nous le jugerons utile, nous confronterons les deux leçons, et nous ferons ressortir la variante. Peut-être arriverons-nous à dégager par quelle influence et sous l'empire de quelles préoccupations la frontière occidentale de la Pologne a été retouchée ; pourquoi aussi la troisième zone du Slesvig a été non seulement retranchée du plébiscite qui doit décider du sort des deux premières, mais soustraite à l'évacuation des troupes et des autorités prussiennes. Et là encore, bien entendu, nous nous renfermerons dans l'étude la plus objective des clauses territoriales.

CHAPITRE PREMIER

FRONTIÈRE OCCIDENTALE DE L'ALLEMAGNE

1° *AVEC LA BELGIQUE*

Les deux Moresnet. — Eupen. — Malmédy.

Art. 27. — Les frontières d'Allemagne seront déterminées comme il suit :

« 1° *Avec la Belgique :*

Du point commun aux trois frontières belge, néerlan-
daise et allemande et vers le sud :

« La limite nord-est de l'ancien territoire de *Moresnet
neutre*, puis la limite est du cercle d'Eupen, puis la
frontière entre la Belgique et le cercle de Montjoie, puis
la limite nord-est et est du cercle de Malmédy jusqu'à
son point de rencontre avec la frontière du Luxembourg. »

Cette clause territoriale s'explique et se complète,
dans la partie III, *Clauses politiques européennes,* par les
dispositions des articles 31 à 39, dont le premier fixe le
nouveau régime international de la Belgique :

« Art. 31. — L'Allemagne, reconnaissant que les
traités du 19 avril 1839, qui établissaient avant la
guerre le régime de la Belgique, ne correspondent plus
aux circonstances actuelles, consent à l'abrogation de
ces traités et s'engage dès à présent à reconnaître et à
observer toutes conventions, quelles qu'elles soient, que

pourront passer les principales Puissances alliées et associées, ou certaines d'entre elles, avec les gouvernements de Belgique ou des Pays-Bas, à l'effet de remplacer lesdits traités de 1839. Si son adhésion formelle à ces conventions ou à quelques-unes de leurs dispositions était requise, l'Allemagne s'engage dès maintenant à la donner. »

Les traités du 19 avril 1839 sont les derniers de la série par laquelle, en neuf années, après la révolution de 1830, fut laborieusement constitué le royaume de Belgique. En termes plus précis, c'est seulement par un traité du 19 avril 1839 que le roi Guillaume II des Pays-Bas donna son adhésion tardive au traité de Londres, dit des Vingt-Quatre articles (15 novembre 1831), qui avait proclamé l'indépendance de la Belgique.

Quatre traités, dont trois avec une annexe, portent la date de Londres, 19 avril 1839 :

1° Traité, avec une annexe de vingt-quatre articles, signé à Londres, le 19 avril 1839, entre la France, l'Autriche, la Grande-Bretagne, la Prusse et la Russie, d'une part, et les Pays-Bas, de l'autre part, et destiné à régler, d'une manière définitive, la séparation de la Belgique d'avec les Pays-Bas et les limites de leurs territoires respectifs;

2° Traité « identiquement semblable » entre la Belgique et les Pays-Bas;

3° Traité, sous le même titre que le n° 1, entre les mêmes parties, d'une part, et la Belgique, d'autre part;

4° Traité conclu à Londres, le 19 avril 1839, pour consacrer l'accession de la Confédération germanique aux dispositions concernant le grand-duché de Luxembourg, contenues dans les traités qui règlent d'une manière définitive la séparation de la Belgique d'avec les Pays-Bas, et les limites de leurs territoires respectifs.

Les ratifications de ces quatre traités furent échangées à Londres, le 8 juin suivant. L'annexe est la même pour les trois premiers : c'est, sauf quelques amendements, le texte du traité du 15 novembre 1831. L'article 7 déclare que « la Belgique, dans les limites indiquées aux articles 1, 2 et 4, formera un État indépendant et perpétuellement neutre. Elle sera tenue d'observer cette neutralité envers tous les autres États ». L'article 9, étendu en huit paragraphes, règle minutieusement la navigation de l'Escaut, de ses embouchures et « des eaux intermédiaires entre l'Escaut et le Rhin pour arriver d'Anvers au Rhin et *vice versa*. » Les articles 11 et 12 visent à assurer l'entière liberté des communications commerciales, par les routes qui, en traversant les villes de Maëstricht et de Sittard, conduisent aux frontières d'Allemagne, et par les routes ou canaux à construire partant de la Meuse et menant aux frontières d'Allemagne. L'article 14 (ancien art. 15) prescrit : « Le port d'Anvers, conformément aux stipulations de l'article 15 du traité de Paris du 30 mai 1814, continuera d'être un port de commerce. »

Telles sont, dans les traités du 19 avril 1839, les principales dispositions « qui établissaient avant la guerre le régime de la Belgique », et que l'Allemagne reconnaît « ne plus correspondre aux circonstances actuelles ». La plus essentielle, politiquement, du point de vue européen, est celle qui faisait de la Belgique un État neutre. A peine le premier soldat allemand avait-il, en violation de la signature de la Prusse elle-même, mis le pied sur le territoire belge, que le pays tout entier s'insurgeait contre cette neutralité illusoire et dérisoire, si cruellement impuissante à le protéger. Un mouvement d'opinion, qui devait aller croissant, se dessinait pour l'abrogation de l'article 7 du traité des Dix-Huit articles (27 janvier) et de l'article 7 du traité des Vingt-Quatre articles du 15 novembre 1831. La conception d'une Belgique neutre était rejetée comme l'image odieuse d'une Belgique livrée à l'inaction et couverte de ruines. Dans le conflit où se sont heurtées l'une contre l'autre les deux moitiés de l'Europe, la situation de la Belgique était singulière. Elle ne s'y est pas mêlée, elle y a été précipitée. Elle n'a pas été une belligérante de volonté, mais, pour son droit et pour sa vie, une belligérante de fait. Elle n'est sortie de sa neutralité que pour défendre sa neutralité, comme elle y était moralement et légalement, politiquement et juridiquement obligée par les traités qui furent la charte de son institution. Mais que vaut une neutralité qu'on ne peut défendre qu'en en sortant? N'expose-t-elle pas aux pires dangers, parce qu'elle endort dans une fausse sécurité? La Belgique ne veut ni revoir ce qu'elle a vu, ni souffrir ce qu'elle a souffert. Elle veut fonder d'abord sur elle-même ses garanties et d'abord s'en assurer les conditions matérielles. C'est pourquoi elle poursuit la revision des traités du 19 avril 1839, passés soit avec les grandes puissances, soit avec le royaume des Pays-Bas; et c'est à cet effet que des conversations sont déjà entamées, dont nous n'avons rien à dire, sinon que l'Allemagne s'engage, par l'article 31 du traité de Versailles, à « reconnaître et observer les conventions, quelles qu'elles soient », auxquelles elles pourront aboutir. Le pays envahi est évacué; le pays dévasté va être restauré. La Belgique n'a plus à craindre aucune tentative « de limiter la souveraineté dont elle jouit à l'égal des autres nations libres ».

Quant aux limites mêmes du territoire belge, la controverse s'est vite ouverte et ne s'est jamais close entre historiens belges et professeurs allemands. Les Allemands prétendent que, depuis le seizième siècle et jusqu'en 1790, la frontière orientale de la Belgique ne formait dans le Saint-Empire qu'une simple limite admi-

nistrative. Puisque c'est la première fois que nous ren-
controns cette prétention de l'Empire allemand de 1871
à la succession, en ligne directe, du Saint-Empire
romain des nations germaniques, dont nous verrons à
tout instant user et abuser dans ses *Notes* et ses *Remarques*
la Délégation allemande à la Conférence de la Paix, nous
tenons dès cette fois, et une fois pour toutes, à l'expé-
dier où il faut la renvoyer : ce n'est que paradoxe et
jeu de mots. Il y avait eu, jusqu'en 1804 ou 1806, un
Empire germanique, et il y a eu, à partir de 1871, un
Empire allemand, mais rien de commun entre eux que
le titre : ni l'aire territoriale, ni la dynastie, ni les institutions. Aucune filiation, et l'intervalle n'a été comblé
que par les rêves des princes, l'imagination des poètes
et les dissertations torturées des pédants.

Contre l'érudition allemande mobilisée au service des
ambitions prussiennes, les historiens belges les plus
accrédités, M. Frédéricq, M. Henri Pirenne, ont
démontré que, loin d'être une simple limite administrative unissant plutôt que séparant deux circonscrip-
tions du même Etat, la frontière orientale de la Belgique était réellement une frontière, et, dans toute la
force de l'expression, une frontière nationale. Il est
bien vrai, reconnaissent-ils, que le décret de l'empereur Maximilien qui, en 1512, organisa le Saint-Empire
en cercles avait compris les provinces belges dans le
cercle de Bourgogne. Mais, aussitôt, les États des provinces belges protestèrent contre ce décret; ni un État
ni une ville n'y avaient consenti lorsqu'il fut aboli. La
transaction d'Augsbourg, dès 1547, fit droit dans une
large mesure à ces revendications. « Elle fut la charte
des Belges qui créa une sorte d'union personnelle entre
leurs domaines et l'Empire, en réservant leurs droits
et leur frontière de peuple indépendant et libre. Quand
l'empereur Charles VI discutait à Anvers en 1714 avec
les Provinces-Unies les droits de la Belgique, il invitait

les députés des États à examiner avec lui « le bien et l'intérêt de *leur patrie* » (1).

1714. Il n'y a pas longtemps que les rois de Prusse, encore tout nouveaux, sont apparus sur la rive gauche du Rhin. Comme électeurs de Brandebourg, ils y avaient, au dix-septième siècle, acquis le duché de Clèves, Wesel et la Marck. Le traité de Rastadt consacre leur établissement, leurs acquisitions ou leurs conquêtes. Pour surveiller l'Autriche dans les Pays-Bas, ils s'y font donner la Haute-Gueldre, dite espagnole (Gueldre et pays de Kessel), avec la capitale et la vallée de la Niers. Par des empiétements incessants, les Provinces-Unies, d'accord avec la Prusse, démantèlent, au dix-huitième siècle, les boulevards extérieurs des Pays-Bas autrichiens, « si bien qu'en 1790 la frontière belge, qui, dans les traités du dix-neuvième siècle, devait être prise pour limite entre l'État belge et la Prusse, présentait une ligne brisée sur de nombreux points par des esclaves, des saillants, des rentrants difficiles à justifier » (2).

A. — *Moresnet neutre et Moresnet prussien.*

Aux termes de l'article 32 du traité de Versailles, « l'Allemagne reconnaît la pleine souveraineté de la Belgique sur l'ensemble du territoire contesté de Moresnet (dit *Moresnet neutre*) ».

Et, aux termes de l'article 33, « l'Allemagne renonce, en faveur de la Belgique, à tous droits et titres sur le territoire du Moresnet prussien, situé à l'ouest de la route de Liége à Aix-la-Chapelle ; la partie de la route en bordure de ce territoire appartiendra à la Belgique ».

(1) TRAVAUX DU COMITÉ D'ÉTUDES. *La Frontière orientale de la Belgique*, par Emile BOURGEOIS, avec une carte, p. 4.
(2) *Ibid.*, p. 5.

Lorsque, par le traité du 31 mai 1815, annexé plus tard à l'Acte final du Congrès de Vienne, on traça la nouvelle frontière des Pays-Bas, il y eut un point sur lequel les puissances partageantes ne purent arriver à une décision : le territoire de Moresnet et d'Altenberg (la Vieille-Montagne). Elles résolurent, par une convention spéciale, du 26 juin 1816, de laisser ce territoire « sans délimitation déterminée ». La commune de Moresnet fut divisée en trois parties, Moresnet hollandais, Moresnet prussien, et, entre les deux, un territoire neutre que devaient administrer en commun un commissaire hollandais, un commissaire prussien. Le pays neutre était la région des mines de zinc qu'on ne pouvait pas partager et que chacun voulut garder pour soi. Il demeura ainsi sans nationalité, et c'est en fait la Société de la Vieille-Montagne qui, subvenait aux dépenses (1). Cette singulière anomalie de la carte politique de l'Europe avait persisté jusqu'à présent avec quelques autres. Le traité du 28 juin la fait disparaître.

Il est à noter pourtant que les articles 32 et 33 de ce traité semblent maintenir une certaine distinction entre Moresnet neutre et Moresnet prussien. Sur le premier (Moresnet neutre), « l'Allemagne reconnaît la pleine souveraineté de la Belgique ». Sur le second, pour la partie située à l'ouest de la route de Liége à Aix-la-Chapelle, « elle renonce, en faveur de la Belgique, à tous droits et titres ». Mais sans doute la différence de rédaction tient-elle seulement à ce qu'il s'agit, dans le premier cas, de dire à qui sera désormais un territoire jusqu'ici contesté, et, dans le second, de dire qu'un territoire jusqu'ici prussien cessera désormais de l'être.

(1) La Société y a conservé un important établissement métallurgique, bien que les gisements miniers soient épuisés. Elle tire actuellement ses minerais des communes prussiennes voisines, notamment de Moresnet prussien.

B. — *Eupen et Malmédy.*

A la fin du dix-huitième siècle, Eupen était compris dans le territoire autrichien qui contribuait, avec les terres de l'évêché de Liége, Spa et Verviers, à écarter l'Allemagne du cours de la Meuse.

Vers les sources de la Roër se trouvait le point de rencontre de cinq pays, dont deux étaient autrichiens, le Limbourg et le Luxembourg, deux appartenaient au prince-évêque de Liége et à l'abbé de Stavelot (Malmédy). Un seul était allemand, le duché de Juliers; mais la principauté de Stavelot-Malmédy était, par l'archevêché de Cologne, assez directement liée à l'Empire germanique.

C'était, en cette contrée, comme sur toute la rive gauche du Rhin, une superposition de suzerainetés féodales. Partout se côtoient ou s'opposent la souveraineté et la suzeraineté, et il en résulte une grande confusion : bien des combinaisons étranges, enclaves françaises en terre allemande, enclaves allemandes en territoire français, trouvent là leur explication. Mais les familles mêmes qui, comme celle des comtes de La Marck, venus des bords de la Lippe, étaient d'origine allemande, avaient, en passant et en restant pendant trois siècles au service des rois de France, rompu toute attache avec l'Allemagne.

Après la conquête française, Malmédy forma un arrondissement du département de l'Ourthe, auquel le canton de Saint-Vith fut réuni, malgré la protestation des administrateurs luxembourgeois.

A la chute de l'empire napoléonien, le traité précité du 31 mai 1815 laissa à l'est de la nouvelle frontière les cantons ci-devant français de Malmédy, d'Eupen et d'Aubel jusqu'à la rencontre des anciens départements de l'Ourthe, de la Roër et de la Meuse-Inférieure.

D'ailleurs, dès le 5 avril 1815, devançant la décision du Congrès, le roi de Prusse Frédéric-Guillaume III, « en vertu de la constitution du grand-duché du Rhin, ce pays d'origine allemande, disait-il, qu'il avait le devoir difficile de défendre », avait réclamé au Luxembourg Saint-Vith, détaché Eupen du Limbourg, et Malmédy de l'ancienne principauté de Liége.

Pour les races et les langues, la limite entre Flamands et Germains paraît être la vallée de la Roër. Entre Wallons et Germains, c'est, d'après Godefroy Kurth, la forêt des Ardennes. Elle est jalonnée, dans le pays wallon de Verviers, par Eupen et Montjoie (Munschau), séparés des villages wallons de Goe et de Jalhay.

Dans cette région, les noms wallons sont généralement en *sart*, les noms germains en *ode*. Mais cette nomenclature a perdu toute signification politique, par la soumission séculaire des populations flamandes, germaniques ou wallonnes aux mêmes souverainetés, seigneuries, évêchés ou abbayes. « Les limites enchevêtrées de ce monde féodal, où se sont mêlées indistinctement les diverses races, ont été jusqu'en 1790 les seuls cadres de la vie sociale, politique et économique dans la Belgique de l'est, vie en général orientée vers les Pays-Bas plutôt que vers l'Allemagne (1). »

Néanmoins, les acquisitions prussiennes avaient, en trois siècles, étendu la province rhénane jusqu'à la limite du parler germanique, et entamé la région wallonne elle-même dans le pays français de Malmédy. Elles avaient donné aux Hohenzollern un domaine peuplé de 200 000 habitants et des positions stratégiques par lesquelles, sous prétexte de défendre l'Allemagne, ils menaçaient la Meuse et s'installaient fortement sur la Moselle.

(1) Émile BOURGEOIS, mémoire cité, p. 8.

En somme, la frontière orientale de la Belgique avait été rongée peu à peu par l'Allemagne. La Prusse visait même plus loin, vers la Meuse moyenne et la Moselle, ainsi que vers les places intermédiaires, pour menacer Nancy, Verdun, Namur, et, de là, Paris d'une part, Anvers de l'autre. A cette poussée germanique, la région ne peut opposer aucun obstacle géographique qui puisse s'appuyer sur une frontière naturelle.

Les clauses du Traité de Versailles (art. 32, 33 et 34) qui délimitent à nouveau la frontière orientale de la Belgique ne sont donc nulle part en contradiction avec l'histoire, et le recul de l'Allemagne vers l'est, si faible et si insuffisant peut-être qu'il soit, était nécessaire à la sécurité de la France comme à celle de la Belgique. L'Allemagne peut d'autant mieux « renoncer à tous droits et titres sur l'ensemble des cercles d'Eupen et de Malmédy » qu'elle n'y avait, ni de par la nature, ni de par l'histoire, ni droits, ni titres. Pour Malmédy, il n'y a point de discussion ; et, pour Eupen, toutes ses relations sont avec Verviers. Les intérêts l'emporteront. Au reste, nul ne sera livré malgré lui. « Pendant six mois, des registres seront ouverts par l'autorité belge à Eupen et à Malmédy, et les habitants desdits territoires auront la faculté d'y exprimer, par écrit, leur désir de voir tout ou partie de ces territoires maintenus sous la domination allemande. Sur le vu de ces pièces, la Société des nations décidera. » Il est probable que peu de mécontents demanderont ce registre des réclamations, et que tout s'arrangera assez aisément.

La Délégation allemande a, par avance, protesté contre une solution qu'elle préjuge. L'Allemagne « ne voit pas de raison pourquoi elle devrait être contrainte à céder Moresnet prussien et les cercles d'Eupen et de Malmédy. Il est impossible d'apporter des preuves que

ces cercles soient habités par une population indubitablement non allemande. (Nous verrons, à chaque page
de chaque chapitre, avec quelle ténacité le comte
Brockdorff-Randzau a joué de cet adverbe : *indubitablement, incontestablement*, qu'il a eu grand soin de recueil-
lir dans la treizième proposition de M. Wilson.) Le
plébiscite au moyen duquel on veut donner à la population l'apparence du droit de participer à la disposition de son sort ne trouve donc point de base dans les
principes convenus de la paix. Mais, d'après le projet
du Traité de paix, le plébiscite ne serait même pas
décisif; ce serait bien plutôt une instance dans laquelle
l'Allemagne n'aurait aucune part, qui déciderait arbitrairement de l'avenir du territoire, même dans le
cas où la population aurait manifesté sa volonté de
rester sous la souveraineté allemande. Cette disposition est injuste en elle-même et elle est en contradiction avec le principe qu'aucune aspiration
nationale ne doit être satisfaite si, par cette aspiration, étaient créés de nouveaux éléments de discorde
et de conflit (1). »

A cette protestation, renouvelée dans les *Remarques
de la Délégation allemande sur les conditions de paix* et
appuyée par des considérations ou des statistiques qui
ne sauraient être acceptées sans contrôle (le territoire de Moresnet neutre serait un district peuplé de
3 500 habitants, pour la plus grande partie de race et
de langue allemandes; le territoire prussien de Moresnet, qui fait partie du cercle d'Eupen, serait aussi
peuplé d'une population en majorité allemande; ce
cercle d'Eupen tout entier serait purement allemand;
sur ses 25 000 habitants, 98 seulement auraient, lors
du dernier recensement, indiqué le wallon comme leur

(1) *Notes adressées au Président de la Conférence de la Paix
par la Délégation allemande*, pages 35 et 36; note n° 7, 13 mai 1919

langue maternelle, etc.) (1), les Puissances alliées et associées ont répondu :

« Dans les territoires cédés à la Belgique, toute liberté est assurée à l'opinion populaire de s'exprimer dans un délai de six mois. La seule exception à faire est relative à la partie du territoire du Moresnet prussien située à l'ouest de la route de Liége à Aix-la-Chapelle, dont la population est inférieure à 500 habitants... (2). » La *Réponse* générale aux *Remarques de la Délégation allemande* ajoute :

« Les territoires d'Eupen et de Malmédy ont été séparés des territoires limitrophes belges du Limbourg, de Liége et du Luxembourg, en 1814-1815. Ils furent alors attribués à la Prusse pour compléter le chiffre de la population de la rive gauche du Rhin, puis comme compensation à certaines renonciations consenties en Saxe. Il n'a été tenu aucun compte des désirs de la population, ni des frontières géographiques ou linguistiques. Néanmoins, cette région a continué d'entretenir d'étroites relations économiques et sociales avec les parties attenantes de la Belgique. Malgré un siècle de prussification, la langue wallonne s'est maintenue parmi plusieurs milliers de ses habitants. En même temps, ce territoire est devenu une base d'attaque pour le militarisme allemand, par la construction du grand camp d'Elsenborn et de diverses lignes stratégiques dirigées contre la Belgique. Ces raisons justifient la réunion de ces territoires à la Belgique, à condition que les positions dans ce sens soient suffisamment appuyées par la population de la région. Le Traité prévoit la consultation de la popu-

---

(1) *Remarques de la Délégation allemande sur les conditions de paix*, p. 28.

(2) *Notes adressées au Président de la Conférence*, p. 43. Réponse à la note n° 8, 24 mai 1919. Voir aussi, p. 85, note n° 16, 29 mai 1919.

lation sous les auspices de la Société des nations.

« Pour le territoire neutralisé de Moresnet, dont la souveraineté est contestée depuis 1815, la Prusse élève des prétentions pour lesquelles aucune justification d'aucune sorte n'apparaît. Le Traité règle ce différend en faveur de la Belgique et lui accorde en même temps, à titre de dédommagement partiel pour la destruction de ses forêts, les bois voisins domaniaux et communaux du Moresnet prussien (1). »

Sur le mécanisme même de la consultation populaire à Eupen et à Malmédy, notons que c'est l'autorité belge qui y procédera, et que c'est au gouvernement belge qu'il appartiendra d'en porter le résultat à la connaissance de la Société des nations, dont la Belgique, — et, cela va de soi, par contre-partie, l'Allemagne, — s'engage à accepter la décision.

Aussitôt le transfert de souveraineté accompli, les ressortissants allemands établis sur les territoires cédés deviendront Belges de plein droit et cesseront d'être Allemands. Cependant, s'ils s'y sont établis après le 1er août 1914, ils ne pourront acquérir la nationalité belge qu'avec une autorisation du gouvernement belge (art. 36). C'est-à-dire qu'ils seront soumis à un stage et ne seront reçus dans cette nationalité que s'ils sont estimés désirables.

Pendant deux ans encore (art. 37), les ressortissants allemands établis sur ce territoire pourront opter pour la nationalité allemande, à la condition que, l'année suivante, ils transportent leur domicile en Allemagne. De toute manière, ils ne peuvent pas se plaindre qu'on les prenne et qu'on les annexe de force.

Un petit point intéressant (art. 38, § 2), c'est que l'Allemagne devra remettre à la Belgique les docu-

____

(1) *Réponse des Puissances alliées et associées aux Remarques de la Délégation allemande sur les conditions de paix*, p. 8,

ments d'archives enlevés au cours de la guerre, selon la bonne méthode prussienne, notamment du Ministère des Affaires étrangères à Bruxelles, et qui contiendraient la prétendue preuve de la prétendue entente entre l'Angleterre et la Belgique dans le dessein de préparer l'agression contre l'Allemagne.

L'article 39 renvoie aux articles 254 et 256 (Partie IX, *Clauses financières*), qui déterminent les charges :

« Les Puissances auxquelles sont cédés des territoires allemands devront, sous réserve des dispositions de l'article 255 (qui exemptent l'Alsace-Lorraine), assurer le paiement : 1° d'une part de la dette de l'Empire allemand ; 2° d'une part de la dette de l'État confédéré auquel le territoire cédé appartenait, telles que ces dettes étaient constituées au 1er août 1914.

« Elles acquerront tous biens et propriétés appartenant à l'Empire ou aux États allemands et situés dans ces territoires...

« La valeur en sera fixée par la Commission des réparations et à elle payée pour être portée au crédit du gouvernement allemand, à valoir sur les sommes dues au titre des réparations. »

Mais il n'y a pas lieu d'entrer ici en plus de détails. Comme ces clauses sont générales, elles se retrouveront, au chapitre des *Clauses financières*, dans le rapport de M. Louis Dubois.

La frontière de l'Allemagne avec la Belgique reste, sur la carte, provisoirement marquée d'un pointillé. Une commission de sept membres, dont cinq seront nommés par les principales Puissances alliées et associées, un par l'Allemagne et un par la Belgique, sera constituée quinze jours après la mise en vigueur du Traité pour fixer sur place la nouvelle ligne frontière entre la Belgique et l'Allemagne, en tenant compte de la situation économique et des voies de communication (art. 35). Ce sont deux bandes de terrain, l'une plus étroite, celle du nord, Moresnet et Eupen, l'autre, plus large, celle du sud, Malmédy; étranglées, toutes les deux, à leur point de contact, vers Montjoie. Simple rectification, bien plus que modification de frontière; arrangement, bien plus qu'agrandissement territorial.

2° *AVEC LE LUXEMBOURG*

« La frontière du 3 août 1914 jusqu'à sa jonction avec la frontière de France au 18 juillet 1870. »

La ligne passe entre Perl et Sierck et fait un crochet remontant du sud-ouest à l'ouest de Mettlach, où elle forme la limite du Bassin de la Sarre.

LUXEMBOURG

La question du Luxembourg n'étant pas aujourd'hui posée ou, du moins, n'étant pas résolue par le Traité, nous ne l'examinerons que sous quelques aspects :

D'après l'article 40, l'Allemagne renonce, en ce qui concerne le Grand-Duché de Luxembourg, au bénéfice de toutes dispositions inscrites en sa faveur dans les traités des :

8 février 1842,
2 avril 1847,
20-25 octobre 1865,
18 août 1866,
21 février 1867,
11 mai 1867,
10 mai 1871,
11 juin 1872,
11 novembre 1902,
etc., etc.

Presque tous ces traités sont des conventions de

chemins de fer, de commerce ou de douanes, et nous allons y revenir par la suite.

En outre, l'Allemagne :

1° Reconnaît que le Luxembourg a cessé de faire partie du Zollverein allemand à dater du 1er janvier 1919;

2° Renonce à tous droits sur l'exploitation des chemins de fer;

3° Adhère à l'abrogation du régime de neutralité du Grand-Duché;

4° Accepte par avance tous arrangements internationaux conclus par les Puissances alliées et associées relativement au Grand-Duché.

Peut-être conviendrait-il de noter que les troisième et quatrième membres de l'unique phrase qui forme le second alinéa de l'article 40 soulèvent précisément, sans la trancher, la question du Luxembourg. C'est une question délicate. Si la neutralité du Grand-Duché est abrogée, sous quel régime est-il dès maintenant ou va-t-il être placé? Existe-t-il, dès maintenant, des arrangements internationaux « relativement au Luxembourg »; s'en prépare-t-il, et lesquels? Tout seul, et dans sa situation, qui en fait une clef stratégique, le Grand-Duché ne peut pourvoir à sa défense. Il n'avait, hier, en fait d'armée, qu'une milice de 150 hommes; avec une population de 261 000 âmes (en 1910), il ne saurait penser à en créer une suffisante à le protéger. Quelle sûreté, demain, aura-t-il pour lui-même, et quelle sûreté, aussi, offrira-t-il à ses voisins?

L'article 41, également, semble poser une pierre d'attente, en réservant aux principales Puissances alliées et associées, non pas sans doute un protectorat, mais une espèce de tutelle sur le Grand-Duché, puisque ce sont elles qui devront adresser à l'Allemagne, laquelle s'engage à y répondre favorablement, la demande de le faire bénéficier « des avantages et droits, stipulés par le Traité même, au profit desdites puissances et de leurs ressortissants en matières économiques, de transports et de navigation aérienne ».

Evidemment, la « navigation aérienne » n'a guère d'intérêt pour le Luxembourg que parce qu'il est au croisement des grandes routes commerciales et militaires de l'Europe.

L'ancien grand-duché de Luxembourg (1), beaucoup plus étendu que le grand-duché actuel, fut démembré en 1815 (traités de Vienne des 31 mai, 8 et 9 juin 1815, art. 66, 67, 68, 72, traités de Paris des 14 et 26 septembre, 3 et 20 novembre 1815, art. 10). Ce qui en resta fut érigé en grand-duché incorporé à la Confédération germanique, et, bien que sans aucun point de contact géographique avec la Hollande, donné en toute propriété à la maison d'Orange-Nassau, pour la dédommager de la perte de ses possessions de Nassau-Dillenbourg, Hadamar, Diez et Siegen, qui furent cédées à la Prusse. On l'arrondit par le duché de Bouillon et par quelques parcelles de la principauté de Liége ; on l'amputa, pour compléter la province rhénane, d'une bande de territoire à l'est, avec 50 000 habitants. La ville de Luxembourg fut déclarée forteresse fédérale et la Prusse reçut de la Sainte-Alliance le mandat d'y tenir occupation.

Sans relâche, elle fortifia la place et en augmenta la garnison jusqu'en 1863, malgré les réclamations de la Hollande, qui devait en fournir le quart. Charles X, en 1829, pensa à nous faire restituer la Belgique avec le

(1) TRAVAUX DU COMITÉ D'ÉTUDES. T. Ier, *l'Alsace-Lorraine et la frontière du nord-est*. Deuxième partie, pages 151 à 193 : *La question du Luxembourg. — I. La condition politique du Grand-Duché de Luxembourg*, par E. BABELON. — II. *Industries métallurgiques du Luxembourg*, par L. GALLOIS. Cf. Émile BOURGEOIS, *la Frontière orientale de la Belgique*, p. 12 et 13.

Luxembourg et Landau. tandis que la Prusse échangerait la province rhénane contre la Saxe royale et, de plus, obtiendrait la Hollande. 1830 coupa court à cette entreprise. Louis-Philippe, renouant l'antique tradition, réclama le Luxembourg pour la France, « en retour de notre renonciation à la Belgique ». Mais le gouvernement prussien et lord Palmerston firent échouer la combinaison.

Le traité de Londres, ci-dessus cité, du 19 avril 1839, dit Traité des Vingt-quatre articles (ils sont joints en annexe à la convention même et en font partie intégrante), démembra encore une fois le Luxembourg en donnant à la Belgique la partie wallonne du Grand-Duché, dont l'autonomie fut placée sous la garantie des Puissances signataires (Autriche, France, Grande-Bretagne, Prusse, Russie), sans qu'il cessât d'être un État de la Confédération germanique et sans que le Luxembourg fût débarrassé de sa garnison prussienne.

En 1842, le roi Guillaume II des Pays-Bas fit entrer le Luxembourg dans l'Union douanière allemande (Zollverein). Son fils et successeur, Guillaume III, en 1856, accorda à la Prusse le droit de fournir à elle seule toute la garnison de Luxembourg, dont elle n'avait jusque-là fourni que les trois quarts; économiquement et militairement, les liens allemands du Grand-Duché se resserraient.

La fameuse affaire du Luxembourg (1866-1867), survenue à la suite de la dissolution de la Confédération germanique, marque pour ainsi dire le point culminant de l'histoire moderne du Grand-Duché.

Le gouvernement de Napoléon put espérer un instant qu'il allait réaliser l'objet auquel avaient constamment, mais en définitive, vainement tendu et la Monarchie légitime et la Monarchie constitutionnelle. Cet objet principal manqué, la France réclama au moins l'évacuation de la forteresse, dont l'abandon, jadis, avait arraché des cris de colère et d'angoisse à Vauban (1).

A la Conférence de Londres (7 mai 1867), les Puissances déclarèrent unanimement, en dépit des résistances du gouvernement prussien, que « le droit de garnison possédé par la Prusse était devenu caduc du seul fait de la dissolution de la Confédération germanique. » Elles décidèrent que la Prusse retirerait sa garnison (condition difficile à faire accepter) et que le Grand-Duché, constitué en État neutre, serait placé sous la garantie des Puissances signataires du traité.

Le traité de Londres du 11 mai 1867, signé par les représentants du roi des Pays-Bas, du grand-duc de Luxembourg, par l'Autriche, la Belgique, la France, la Grande-Bretagne, l'Italie, la Prusse et la Russie, a fixé le statut présent du Grand-Duché.

Il porte, en son article 2 : « Le grand-duché de Luxembourg... formera désormais un État perpétuellement neutre. Il sera tenu d'observer cette même neutralité entre tous les autres États. Les Hautes Parties contractantes s'engagent à respecter le principe de la neutralité stipulé par le présent article. Ce principe est et demeure placé sous la sanction de la garantie collective des Puissances signataires du présent traité, à l'exception de la Belgique, qui est elle-même un État neutre. »

Le dernier bataillon prussien quitta la forteresse de Luxembourg le 8 septembre 1867. Le 10, le premier coup de pioche fut donné dans l'œuvre de Vauban. Le démantèlement, poursuivi pendant plus de quinze ans sous la surveillance du roi des Pays-Bas, ne fut achevé qu'en 1883.

Bismarck, faisant bonne mine à mauvais jeu, osa se

---

(1) Lettre écrite à l'occasion du traité de Ryswick, et citée par Th. LAVALLÉE, *les Frontières de la France*, p. 83-85, d'après *l'Abrégé des services du maréchal de Vauban*, par AUGOYAT (1839).

réjouir de la déclaration de neutralité du Luxembourg :
« Au point de vue militaire, dit-il, la garantie collective de la neutralité du Luxembourg constitue pour
nous une entière compensation pour le droit de garnison auquel nous avons renoncé. » C'est la Russie
qui, au Congrès de Londres, avait présenté la proposition. La Prusse et la France s'y étaient également
ralliées. Des objections avaient été élevées par l'Angleterre, au nom de laquelle lord Stanley ne voulut donner
qu'une garantie morale. « L'Angleterre, faisait-il
observer, a un intérêt immédiat à défendre la neutralité belge et à garantir Anvers contre toute agression,
mais la neutralité du Luxembourg n'a pour elle aucune
importance. Elle ne peut s'engager à défendre, le cas
échéant, le Luxembourg, en débarquant une armée sur
le continent. » Le représentant de la Hollande et celui
de la Prusse insistèrent. Quand il crut l'Angleterre
butée, se flattant peut-être de tout brouiller, Bismarck
déclara qu'il ne retirerait les troupes prussiennes de la
forteresse que si la Conférence « proclamait la neutralité du Grand-Duché et plaçait cette neutralité sous la
garantie collective des Grandes Puissances. »

Mais le texte proposé par la Prusse fut adopté. Dans
la suite, l'Angleterre essaya de dégager un peu sa res-
ponsabilité en discutant sur le sens de l'expression
garantie collective. La neutralité belge étant placée sous
la *garantie internationale* sans épithète, les diplomates
anglais prétendirent que le mot *garantie collective*
impliquait l'obligation, de la part des Hautes Parties
contractantes, d'agir « collectivement et de concert ».
Leur thèse fut repoussée tout aussitôt par les juristes,
et, plus tard, par le Conseil d'État du Luxembourg.
Mais ils ne l'abandonnèrent jamais. En 1914 encore,
M. Paul Cambon en avertit notre Ministre des Affaires
étrangères :

« Sir Edward Grey, me parlant de la neutralité de la

Belgique et de celle du Luxembourg, le principal Secrétaire d'État m'a rappelé que la convention de 1867
relative au Grand-Duché différait du traité relatif à la
Belgique en ce sens que l'Angleterre était tenue de
faire respecter cette dernière convention sans le con-
cours des autres Puissances garantes, tandis que, pour
le Luxembourg, toutes les Puissances garantes devaient
agir de concert. »

La Prusse, qui avait tant poussé à la neutralité, fut,
de 1867 à 1914, hargneusement attentive à la faire
respecter par les autres. Quant à l'Allemagne, fidèle à
sa manière d'observer la foi jurée, elle la viola cyniquement, malgré un simulacre de protestation de la
grande-duchesse, qui n'avait à lui opposer que sa voi-
ture en travers d'un pont.

Mais l'attitude adoptée, il y a cinquante ans, et
maintenue par l'Angleterre n'explique-t-elle pas dans
une certaine mesure l'abrogation, visée par l'article 40,
du régime de la neutralité pour le grand-duché de
Luxembourg ?

Même du temps de l'union en la personne du roi des
Pays-Bas, grand-duc de Luxembourg, le Grand-Duché
avait une constitution différente de la constitution
hollandaise. Il est régi par le pacte de famille de la
maison de Nassau, du 30 juin 1783, confirmé par les
traités de Vienne de 1815, et une convention entre les
agnats de la maison de Nassau, du 27 mai 1839.
D'après ces arrangements, les femmes étaient exclues
du trône grand-ducal, tandis qu'elles succédaient au
trône royal des Pays-Bas. C'est ainsi que, le roi Guillaume III ne laissant, à sa mort, qu'une fille, devenue
la reine Wilhelmine, le Grand-Duché passa à un agnat,
Adolphe de Nassau. Mais comme, à son tour, le grand-
duc Guillaume, fils d'Adolphe (1905-1912), ne laissait
que des filles, le pacte fut modifié en 1912, pour ouvrir
l'accession à la grande-duchesse Marie-Adélaïde.

Cependant, l'influence allemande n'avait pas cessé de grandir au Luxembourg, servie, et ses progrès facilités, par le statut politique de 1867.

En effet, malgré sa neutralité proclamée, le Grand-Duché continuait d'adhérer au Zollverein allemand. Le traité de commerce de 1842 avait été renouvelé en 1847, en 1853, en 1865; il le fut encore en 1872, en 1882, et, depuis lors, par tacite reconduction.

Ce régime a été très avantageux pour le Luxembourg. On sait que le revenu net de l'Union douanière est partagé entre les États participants au prorata de leur population. En 1895, par exemple, le produit des douanes attribué au Grand-Duché sur les recettes du Zollverein s'est élevé à 2 880 805 francs, c'est-à-dire à plus du quart des recettes totales du budget grand-ducal.

De plus, le Zollverein crée, par la solidarité d'intérêts, une relation de dépendance étroite entre ses membres. L'étonnant est que le Luxembourg ait, dans ces conditions, résisté malgré tout à l'emprise prussienne, et ne soit pas devenu tout à fait allemand de langue, de mœurs et de sentiments.

Le maintien de l'Union douanière fut le grand argument dont se servirent les Allemands pour se faire concéder, après la guerre de 1870, l'exploitation de la *ligne Guillaume-Luxembourg.*

Le Luxembourg possède 420 kilomètres de chemins de fer, qui rayonnent surtout, dans le nord, autour d'Ettelbrück, et, dans le sud, autour de Luxembourg. En outre, une foule de petites lignes d'intérêt local ou de voies privées desservent les centres miniers et sidérurgiques voisins de la frontière française et lorraine. Les principales Compagnies sont la *Société du chemin de fer Guillaume-Luxembourg* et la *Société des chemins de fer du Prince Henri.* Concédés, à leur début, en 1855, à deux particuliers de Nancy, les chemins de fer luxembourgeois (quatre lignes) furent ensuite repris par la *Société Guillaume-Luxembourg,* formée en 1857, au capital de 25 millions, siège social aux bureaux mêmes de notre Compagnie de l'Est. Dix-neuf sur vingt dès actionnaires étaient Français.

Si, plus tard, le gouvernement luxembourgeois accorda à ces lignes une subvention, l'exploitation en resta concédée à la Compagnie française des chemins de fer de l'Est, moyennant une redevance annuelle de 3 millions. Le personnel de l'exploitation était composé de Français et de Luxembourgeois.

Il en fut ainsi jusqu'en 1872, et, entre 1860 et 1914, le réseau s'est enrichi de nombreux embranchements. Mais, dès 1870, pendant la guerre même, Bismarck eut l'idée de mettre la main sur les chemins de fer du Luxembourg. Il en trouva le prétexte dans le fait qu'un train luxembourgeois avait ravitaillé la place de Thionville, et il ne patienta un peu que parce qu'il était sûr de son coup. En effet, par le traité de Francfort du 10 mai 1871, les droits d'exploitation de la compagnie française des chemins de fer de l'Est furent transférés au gouvernement de l'Empire allemand. Le 11 juin 1872, une convention rattachait le réseau luxembourgeois aux chemins de fer de l'Alsace-Lorraine, devenue elle-même allemande. Vainement le gouvernement luxembourgeois proposa la création d'une Société mixte allemande et luxembourgeoise. Le ministre Delbrück refusa, par une raison à laquelle il donnait, en précurseur, une expression qui devait faire fortune : « J'ai la conviction, dit-il, que les stipulations qu'on arrêterait ne seraient qu'un *chiffon de papier* sans valeur. »

L'article essentiel du traité du 11 juin 1872 est l'article 2, ainsi conçu :

« Le gouvernement allemand s'engage à ne jamais se servir des chemins de fer luxembourgeois pour le

transport de troupes, d'armes, de matériel de guerre
et de munitions, et à ne pas en user, pendant une
guerre dans laquelle l'Allemagne serait impliquée,
pour l'approvisionnement de troupes, d'une façon
incompatible avec la neutralité du Grand-Duché, et,
en général, à ne passer et à ne laisser passer, à l'occasion de l'exploitation de ces lignes, aucun acte qui ne
fût en parfait accord avec les devoirs incombant au
Grand-Duché comme État neutre. »

Cet engagement fut renouvelé dans l'arrangement
du 11 novembre 1902-3 avril 1903, qui prorogeait la
concession jusqu'au 31 décembre 1959, date prévue
pour l'expiration de la *Société Guillaume-Luxembourg.*
Lors de la violation de la neutralité du Luxembourg,
le 3 août 1914, le gouvernement allemand déclara à
celui du Grand-Duché qu'il s'agissait uniquement
« d'assurer contre l'attaque éventuelle d'une armée
française l'exploitation des voies ferrées affermées à
l'Empire. » M. de Schœn, encore à Paris, dit de même :
« Les mesures prises ne constituent pas un acte d'hostilité ; ce sont seulement des mesures préventives
prises pour la protection des chemins de fer qui, par
suite des traités existant entre l'Allemagne et le Grand-
Duché de Luxembourg, se trouvent sous l'administration allemande. »

Ainsi, par l'avidité et la duplicité allemandes, quatre
questions se trouvaient impliquées dans ce qu'il faut
bien continuer d'appeler la question du Luxembourg :

1° Le Luxembourg peut-il rester un État neutre ?

2° Les chemins de fer luxembourgeois ayant été,
en 1872, rattachés au réseau allemand d'Alsace-
Lorraine, dont le siège est à Strasbourg, si l'Alsace-
Lorraine redevient française, que fera-t-on du réseau
luxembourgeois ?

3° Le Luxembourg peut-il rester dans le Zollverein

allemand? Et s'il n'y reste pas, comment remplacera-t-il les avantages qu'il en retirait?

4° L'Allemagne s'étant, en 1914, ménagé dans le Luxembourg un carrefour de rassemblement pour ses troupes et une base d'opérations contre nous, quelles précautions militaires prendrons-nous pour que le Grand-Duché ne puisse plus, bon gré mal gré, servir à une agression?

A ces quatre questions, l'article 40 a déjà répondu ou permettra de répondre.

3° *AVEC LA FRANCE*

« La frontière au 18 juillet 1870 depuis le Luxembourg jusqu'à la Suisse... »

RIVE GAUCHE DU RHIN

Par les articles 42 et 43 (section III), il est interdit à l'Allemagne :

1° « De maintenir ou de construire des fortifications soit sur la rive gauche du Rhin, soit sur la rive droite, à l'ouest d'une ligne tracée à 50 kilomètres à l'est de ce fleuve » ;

2° Dans la même zone, d'entretenir ou de rassembler des forces armées, soit à titre permanent, soit à titre temporaire, d'y exécuter des manœuvres militaires de quelque nature qu'elles soient et d'y maintenir « des facilités matérielles de mobilisation ».

L'article 44 tire une importance qui pourrait, par extension, déborder son cadre même, de ce qu'il donne cette définition de l'*acte hostile* :

« Au cas où l'Allemagne contreviendrait, de quelque manière que ce soit, aux dispositions des articles 42 et 43, elle serait considérée comme commettant un acte hostile vis-à-vis des Puissances signataires du présent traité et comme cherchant à troubler la paix du monde. »

Un pareil acte mettrait au moins en mouvement l'appareil de la Société des nations, et peut-être l'article 44 a-t-il pris, depuis que des conventions complémentaires ont été conclues entre la France d'une part, les États-Unis d'Amérique et la Grande-Bretagne d'autre part, une signification plus large, si ce n'est pas trop en solliciter le texte que de dire qu'il contient ou qu'il sous-entend, outre la définition de « l'acte hostile », celle de « l'agression non provoquée ». *(Se reporter aux articles 10 et 11, partie I, Pacte de la Société des nations.)*

A. — Les territoires de la rive gauche.

La question du Luxembourg n'a pas été immédiatement résolue : celle de la rive gauche du Rhin paraît avoir été mal posée. Il a pesé sur elle un préjugé, il s'est répandu sur elle une confusion, qu'on n'a rien fait, ou pas assez fait, pour dissiper. Nous nous sommes laissé soupçonner de tendances annexionnistes ou impérialistes, avouées ou dissimulées, alors que, ni de près ni de loin, nous ne rêvions ni d'annexion ni de prépotence. Depuis que les princes protestants du Saint-Empire, ligués avec le roi de France contre Charles-Quint, eurent déclaré qu'ils « trouvaient bon qu'il s'impatronisât des villes qui appartenoient d'ancienneté à l'Empire, mais qui n'étoient pas de la langue germanique, c'est-à-dire de Metz, Toul et Verdun », et que, répondant à leur appel, Henri II fut entré, en 1552, dans les Trois Évêchés; depuis que Henri IV eut tourné ses regards du côté de la Lorraine, puis du Luxembourg, du Limbourg, des duchés de Clèves et de Juliers, « comme pays assis sur notre frontière et qui portent droit sur les Provinces-Unies »; depuis que, par l'article 72 (1) du traité de Münster,

(1) Th. LAVALLÉE, *les Frontières de la France*, p. 88, dit : « par l'article 44 »; cela tient à ce que, dans les anciennes éditions du traité (V. par exemple l'édition publiée à Luxembourg, chez André Chevalier, en 1698), les articles n'étaient pas numérotés. Il

du 24 octobre 1648, « la suprême Seigneurie, les droits de souveraineté et tous autres droits sur les Évêchés de Metz, de Toul et de Verdun, sur les villes de même nom et sur toute l'étendue de ces évêchés, nommément sur Moyenvic », eurent été reconnus « appartenir à la couronne de France et lui être incorporés perpétuellement et irrévocablement de la même manière qu'ils appartenaient jusques ici à l'empire romain »; et depuis que, par l'article 75 du même traité, « l'Empereur, tant en son propre nom qu'en celuy de toute la Sérénissime Maison d'Autriche, comme aussi l'Empire », eurent cédé « tous les droits, propriétés, domaines, possessions et juridictions, qui jusques ici avaient appartenu tant à lui qu'à l'Empire et à la Maison d'Autriche, sur la ville de Brisach, le landgraviat de la Haute et Basse-Alsace, le Sundgau et la préfecture provinciale des dix villes impériales situées en Alsace, savoir : Haguenau, Colmar, Schlestadt, Weissembourg, Landau, Oberenheim, Rosheim, Münster au Val-Saint-Grégoire, Kaisersberg, Turingheim et tous les villages et autres droits qui dépendaient de ladite Préfecture; lesquels droits, tous et chacun d'eux, l'Empereur, la Sérénissime Maison d'Autriche et l'Empire transportaient au Roi très chrétien et au royaume de France »; depuis Richelieu et Mazarin, depuis Louis XIV, il y a eu une politique française de la rive gauche du Rhin, ou plus exactement, sur la rive gauche du Rhin. Il était fatal, commandé par la force des choses, écrit sur la face de la terre, que la France tendît, du côté du Rhin, comme du côté des Alpes et du côté des Pyrénées, à ses limites naturelles. « La France, pensait Richelieu, doit avoir les limites

est d'usage, à présent, de se référer à l'édition classique de M. Henri VAST, *les Grands Traités du règne de Louis XIV*, qui donne le texte latin.

que lui fixa la nature »; et, quand il parlait ainsi, c'était moins une vue de l'esprit qu'il exprimait que la nécessité même. D'où cette *politique des limites*, dont le souci de « faire son pré carré » n'était qu'une sorte de traduction bourgeoise. Mazarin reprit sur ce point, comme sur bien d'autres, la tradition, non pas fondée, mais fortifiée et formulée par son grand prédécesseur, et il eut la gloire de consolider par la paix de West-phalie, en 1648, et par la paix des Pyrénées, en 1659, une œuvre mise en train, avec persévérance, dès le milieu du seizième siècle. Et la politique d'établissement sur la rive gauche devait entraîner une politique de sécurité sur la rive droite.

La ville impériale ou république de Strasbourg n'était pas comprise dans la cession de l'Alsace, telle qu'elle résultait de l'article 75 du traité de Münster; mais cette exception se trouvait en partie compensée par la possession de Brisach, située sur la rive droite, et par le droit d'avoir garnison dans Philipsbourg, for-teresse qui donnait une deuxième entrée en Allemagne. D'ailleurs, l'article 54 (1) disait : « On ne pourra con-« struire aucun fort sur le Rhin au delà de la rivière, « c'est-à-dire du côté de l'Allemagne, depuis Bâle jus-« qu'à Philipsbourg ».

Non content de ce qu'il avait obtenu par le traité même, Mazarin travailla à en compléter les effets par plusieurs actes, et, premièrement, « il forma, avec les trois Électeurs ecclésiastiques dont les États étaient sur la rive gauche du Rhin, et avec les maisons de Bavière, de Hesse, de Brunswick, une *ligue*, dite *du Rhin*, qui mettait tous ces princes dans la dépendance et à la solde du roi de France, étendait militairement » la frontière française sur la rive gauche du Rhin, et

(1) Article 54, d'après Th. LAVALLÉE, *ouvrage cité*, p. 40; 83, d'après l'édition de M. VAST.

donnait en réalité à la France le protectorat de l'Allemagne. L'armée de cette ligue, forte ordinairement de trente mille hommes, s'appelait : « Armée de Sa Majesté très chrétienne et des Électeurs et princes ses alliés (1) ». De la rive gauche, la Ligue mordait fortement sur la rive droite. « Depuis Wismar et Brême jusqu'à Heidelberg et Neubourg, en passant par le Brunswick, la Hesse, les États de Cologne et de Mayence, une chaîne ininterrompue de confédérés entrait dans la clientèle du roi de France (2). » Clientèle souvent rétribuée, on en a eu les comptes, mais avide et contente de recevoir. À l'essai, les princes de la rive gauche, l'évêque de Liége, les trois Électeurs ecclésiastiques, le prince de Birkenfeld, le duc de Deux-Ponts, etc..., se disputaient l'alliance et l'argent du roi de France, qui leur assurait, par surcroît, l'indépendance vis-à-vis de l'Empereur. Ils se décoraient eux-mêmes de ce titre : « *les Allemands de France.* »

« Grâce à des conventions diverses, plusieurs fois renouvelées, plusieurs fois violées, mais que garantissaient presque toujours des subventions pécuniaires, la France pouvait, surtout en temps de guerre, occuper presque tout leur territoire, y établir des magasins, garnir de troupes leurs frontières, enfin y lever de la même façon qu'en Suisse de nombreux soldats, que les princes de ce pays s'honoraient de commander. Louis XIV eut ainsi continuellement dans ses armées jusqu'à douze régiments d'infanterie et six régiments de cavalerie, composés d'Allemands, commandés par des princes voisins du Rhin et qui prirent la plus grande part à toutes nos guerres, même en Allemagne.

---

(1) Th. LAVALLÉE, *les Frontières de la France*, p. 48.
(2) H. VAST, *les Grands Traités du règne de Louis XIV*. II. Traité original de l'Alliance du Rhin, signé, de la part du roy Louis XIV, avec plusieurs électeurs et princes d'Allemagne, le 15 août 1658, à Mayence.

Louis XV suivit cet exemple, et sous son règne le nombre des régiments allemands s'éleva jusqu'à vingt-cinq. » Les noms de quelques-uns sont demeurés fameux : Royal-Allemand, Furstenberg, Salm-Salm, La Marck, Hesse-Darmstadt, Nassau, Royal-Deux-Ponts, Royal-Bavière, etc. (1).

« La rive gauche du Rhin, au dix-septième siècle, était donc, sous le rapport militaire, une autre Alsace. » Mais, de bonne heure, la politique française y fut d'attirer et de s'attacher, plutôt que de conquérir et d'annexer. « Turenne, dans la guerre de Trente ans, avait longtemps pratiqué ces pays (2), ainsi que les mercenaires cruels et pillards, mais braves et solides qu'on y recrutait; il tenait à ce qu'on les ménageât, à ce qu'on eût soin de les *laisser d'empire*, à ce qu'on ne touchât pas à leur souveraineté. » Aussi ce fut d'après cet avis que le roi, dans les projets qu'il avait conçus « pour soutenir et augmenter la puissance de la France », borna, vers l'Allemagne, ses desseins à « obtenir, par des traités particuliers, l'occupation durable des États ecclésiastiques et des autres pays de la rive gauche du Rhin. On donnait ainsi à la France, sinon complètement ses limites naturelles, au moins des frontières très éloignées, et les plus redoutables qu'il y eût en Europe (3). »

« S'ouvrir un passage en Allemagne » n'était que la seconde préoccupation de Louis XIV; la première était de « le fermer en même temps à nos ennemis »; et il ne nourrissait la seconde que pour appuyer la première. C'est à cette fin qu'on voulait dominer les pays de la rive gauche du Rhin qui n'appartenaient pas à la France, les isoler des secours qu'ils pouvaient

(1) V. Fieffé, *Histoire des troupes étrangères au service de la France.*
(2) Et il était de la maison de Bouillon.
(3) Th. Lavallée, *les Frontières de la France*, p. 53.

tirer de l'Empereur et de la Diète germanique, et, comme le disait Vauban, « les tenir constamment sous notre coulevrine ». Louis XIV avait déjà Brisach (1); il se fit encore donner, en échange de Philipsbourg qu'il consentit à rendre, Fribourg-en-Brisgau, qui était la clef de la Forêt-Noire, et par laquelle il pouvait tourner les *villes forestières*, Rheinfeld, Säckingen, Lauffenburg et Waldshut, situées sur le Rhin entre Zurzach et Bâle et dont les ponts eussent permis au besoin de pénétrer dans la Souabe; — de plus, il s'assura d'autres passages, au nord-ouest, par la possession militaire de la Lorraine.

« Cette province, depuis le traité de Westphalie, avait été deux fois réunie à la Couronne; ses places étaient démantelées ou occupées par les troupes françaises; des magistrats français gouvernaient ses villes; on y levait des troupes et des impôts comme dans le reste du royaume; mais ses princes, réfugiés en Allemagne, avaient refusé tout accommodement, toute concession. Le traité de Nimègue les rétablit dans leur duché, mais à la condition qu'ils céderaient à la France Nancy, Longwy, Marsal et quatre routes militaires; ils refusèrent. Louis XIV continua à occuper la Lorraine et l'on dut croire que la possession complète de cette province n'était plus qu'ajournée. « C'était, dit le Roi dans ses mémoires, un passage à nos troupes pour l'Allemagne par l'Alsace, une porte jusqu'alors ouverte aux étrangers pour entrer dans nos États; c'était le siège d'une puissance voisine, prenant part de tout temps à toutes les brouilleries du royaume; enfin, c'était l'ancien patrimoine de nos pères, qu'il était beau de rejoindre au corps de la monarchie, dont il avait été si longtemps séparé (2). »

(1) Article 75 du traité de Münster, v. plus haut.
(2) Th. LAVALLÉE, *ouv. cité*, p. 58.

En résumé, ouvrir les portes de l'Allemagne, fermer les portes de la France, — ouvrir les unes pour fermer sûrement les autres, — a toujours été le but principal de la politique française sur la rive gauche du Rhin. « Elle a pu le croire atteint à diverses reprises : en 1678, après la paix de Nimègue, les frontières de la France (en y comprenant la Lorraine) étaient à peu près celles de 1792 ou de 1814, et même, si l'on regarde à l'extérieur, elles étaient beaucoup plus fortes et plus solides. Néanmoins, le résultat restait incomplet, instable. Nous l'avions, à tous égards, payé très cher; et, plein d'incertitudes, il était gros de menaces. On avait mis quarante-trois ans à faire ces acquisitions; ainsi, malgré le génie de Richelieu, de Mazarin, de Turenne, de Condé, malgré cinquante victoires et les efforts de la diplomatie la plus habile, malgré 500 000 hommes sacrifiés dans cinq grandes guerres, la France, en un demi-siècle, n'était parvenue qu'à reprendre cinq ou six des petites provinces détachées du cadre naturel de l'ancienne Gaule. Pour de si minces conquêtes, pour de si légitimes réunions, elle avait amassé contre elle, contre l'ambition de ses rois, une tempête de haines et de calomnies. L'Angleterre, la Hollande, l'Allemagne, l'Espagne voyaient la liberté, l'indépendance de tous les États menacées; elles ameutaient les peuples « contre le pays qui, disaient-elles, veut réduire l'Europe en servitude »; enfin, elles répandaient partout cette fable stupide d'une monarchie universelle rêvée par les Bourbons, fable qui a été pendant un siècle un épouvantail et un instrument de guerre contre la France. »

Nous l'avons eue treize ans, amplement, en toute propriété, la rive gauche du Rhin. La paix de Lunéville nous l'avait donnée en 1801, le premier traité de Paris nous la reprit en 1814, en nous ramenant, excepté en trois endroits, la trouée de Chimay, le pays de Sarrelouis et le district de Landau, à peu près à nos frontières de 1792 (1). Si donc la France a toujours tendu de ce côté à ses limites naturelles, il est vrai qu'elle n'a jamais pu les obtenir ou longtemps les garder. Lorsque nous les avons atteintes, après 1801, nous les avons perdues très vite, pour les avoir démesurément dépassées. Pour dire toute la vérité, nos amis comme nos ennemis nous en ont, avec une égale obstination, écartés, les uns par crainte de ce que nous en ferions, les autres par hantise de ce qu'ils en pourraient faire, tantôt au nom de l'équilibre des puissances et tantôt au nom de la paix de l'Europe. On dirait que les ombres de Louis XIV et de Napoléon s'allongent encore sur ces territoires, et que le monde se soit fait peur, une ou deux fois pour toutes, de ce que serait et de ce que ferait une trop grande France.

Mais il n'empêche que la géographie et l'histoire n'aient enfermé dans les limites naturelles de la France les pays de la rive gauche du Rhin. Accepter trop facilement que les populations en soient germaniques, c'est tomber trop complaisamment dans les filets de la fallacieuse érudition allemande. Il y a les faits, il y a les monuments, il y a les textes. Ils forment à travers les siècles un long enchaînement, depuis le lapidaire : *Germani trans Rhenum incolunt*, jusqu'aux pétitions de 1792 et aux adresses de 1798. Il y a les souvenirs de la Révolution et de l'Empire; il y a les traces de la législation française et de l'administration française. Sans doute, du temps s'est écoulé, l'empreinte s'efface. Nous n'aurions pas voulu — et avec raison — voir dans une Chambre française, à la suite d'une réunion opérée de force, des députés protestataires; et il se peut qu'au

(1) V. Travaux du Comité d'études, t. Ier. *L'Alsace-Lorraine et la frontière du nord-est*, atlas, *Carte des frontières du nord et du nord-est en 1792, 1801, 1814, 1815 et 1871*; échelle 1 : 600 000.

début, il en soit venu. Mais il se pourrait aussi que le temps, qui a mis un demi-siècle et plus à atténuer dans ces régions la mémoire de ce qu'y fut et de ce qu'y fit la France, eût usé beaucoup plus vite, en effet, l'image et la légende allemandes. A parler net, ces populations ne sont pas, foncièrement et perpétuellement, plus allemandes que françaises. Habituées à changer de souveraineté, leur nationalité est pour elles-mêmes incertaine. Henri Heine a dit d'elles : « Les Rhénans ne sont ni des Allemands, ni des Français, mais des Belges. » Le paradoxe, qui est toujours quelque part chez lui, est ici dans le troisième terme. Non, ce ne sont pas des Belges, ce sont des Rhénans. Nul ne saurait leur refuser ce qui est reconnu à tous : le droit de disposer librement de leur sort.

De toute façon, même en laissant sous le régime allemand ces territoires, il eût été légitime d'en chasser la Prusse.

Dans l'Empire qui vient de s'effondrer, il y avait, sur la rive gauche du Rhin, des fractions de quatre États confédérés : le Palatinat bavarois, une partie de la Hesse, l'ancienne principauté de Birkenfeld, réunie au grand-duché d'Oldenburg, et ce qu'on appelait la Prusse rhénane. Mais, en vérité, il n'y avait pas de Prusse rhénane, il n'y a jamais eu de Prusse sur la rive gauche du Rhin. Le Prussien n'y est venu que comme une mauvaise herbe, implantée du dehors; ce n'est pas une production du sol; la soi-disant Prusse rhénane est une création artificielle et frauduleuse des traités de 1815.

Quelle que doive être la future condition de ces territoires de la rive gauche du Rhin, il est pour nous de sagesse élémentaire de n'y laisser subsister rien de prussien.

La Prusse elle-même sait qu'elle n'y a pas de racines. Elle sait que ses Hohenzollern n'y sont apparus, avant que la Prusse fût née comme royaume, par une dispute d'héritage, que dans la seconde moitié du dix-septième siècle. Elle ne peut oublier qu'encore à la fin de 1814, préférant l'annexion de la Saxe à celle des provinces rhénanes, elle refusait d'accepter ces provinces « éloignées du centre de l'État et situées sur une frontière mal assurée et difficile à défendre. »

La nôtre aussi, la nôtre davantage depuis 1815, notre frontière est mal assurée et difficile à défendre.

Les articles 42 et 43 du Traité du 28 juin 1919 ne nous donnent, si l'on peut employer ce mot, que des « sûretés négatives »; l'article 44 n'y ajoute peut-être qu'une garantie insuffisante. Sans vouloir annexer les territoires de la rive gauche, sans reculer jusqu'au Rhin la frontière politique de la France, n'aurait-on pas pu, n'aurait-on pas dû reporter au Rhin notre frontière militaire?

B. — Occupation militaire et frontière militaire.

Le Traité ne reporte pas au Rhin la frontière militaire de la France; il organise seulement pour un temps l'occupation de la rive gauche du Rhin et des têtes de pont sur la rive droite.

Selon ses termes mêmes, pendant quinze ans, à dater de la signature du Traité, la rive gauche du Rhin et les têtes de pont de la rive droite seront occupées par les forces alliées ou associées.

Si l'Allemagne exécute ses engagements, au bout de cinq ans, la tête de pont de Cologne sera évacuée;

Au bout de dix ans, celle de Coblence;

Au bout de quinze ans, celle de Mayence, celle de Kehl, prolongement de Strasbourg, et le reste des territoires de la rive droite.

Si, au contraire, l'Allemagne ne remplissait pas ses obligations, l'évacuation pourrait être retardée, les zones évacuées pourraient même être réoccupées.

Il saute aux yeux que cette dernière clause était plus facile à écrire qu'elle ne le serait à pratiquer. C'est comme si on avait voulu « remobiliser » après avoir « démobilisé. » On ne réoccuperait, après avoir évacué, qu'au prix des pires risques et peut-être des pires dangers. En outre, il fallait bien, dès lors qu'on envisage l'évacuation, la commencer par quelque part. L'occupation de Mayence, pendant les quinze années pleines, nous laisse sur la ligne du Main, à la charnière des deux Allemagnes. Mais l'évacuation prévue de Cologne, au bout des cinq premières années, nous ôte nos prises sur le bassin si important de la Ruhr et écarte la main que nous pouvions étendre sur Essen.

Quinze ans, cela nous conduit en 1934. En 1934, au bout de ces quinze ans, l'occupation ayant entièrement cessé, nous nous retrouverons avec l'Allemagne en face de nous, nous seuls, malgré toute alliance et toute convention, les plus soigneusement combinées, les plus scrupuleusement tenues ; seuls, dans le premier moment et au premier contact, face à face avec elle. En face d'une autre Allemagne, d'une Allemagne psychologiquement changée, ou de l'Allemagne historiquement immuable, la même après ces quinze années qu'après les quinze siècles passés ? Mais quinze années pourront-elles faire ce que n'ont pu faire quinze siècles ?

En ce point, de nouveau, nous craignons que la question n'ait été mal ou incomplètement posée. Ou plutôt nous savons qu'elle avait été parfaitement, magistralement exposée, mais peut-être une confusion, que nul effort n'a réussi à dissiper, est-elle venue l'obscurcir dans certains esprits. Il ne s'agissait pas d'assurer simplement les satisfactions du passé, mais la sécurité de l'avenir. En se plaçant uniquement au point de vue de l'exécution par l'Allemagne de ses engagements (même en y faisant tout rentrer : clauses militaires, financières, économiques, etc...) on s'est placé sur un terrain trop étroit, et d'autant plus que le territoire occupé, et en quelque sorte pris en gage, devait aller se resserrant, se rétrécissant de cinq en cinq ans. A tout le moins eût-il été souhaitable que la durée de la garantie fût égale à la durée de l'obligation, que son étendue en couvrît toute l'étendue, et qu'elles fussent adéquates absolument, dans le temps et dans l'espace. Mais c'eût été encore trop peu, car une nécessité séculaire ne se prescrit ni par quinze ans, ni par trente ans. Quoi donc? Une seule garantie d'ordre physique, géographique, pouvait être directement, immédiatement efficace : la frontière militaire au Rhin. Les experts l'ont établi; le gouvernement l'a senti. Ce qu'on y a substitué vaut ce qu'il vaut : il n'est point de notre rôle de l'apprécier. Mais voici ce que conseillaient, ce que commandaient peut-être la géographie et l'histoire.

Posons d'abord une distinction fondamentale. La frontière militaire est une chose, l'occupation militaire une tout autre chose. La frontière militaire est, de nature, permanente, perpétuelle. L'occupation militaire, par définition, est limitée et temporaire. Par la frontière militaire, on est chez soi; par l'occupation militaire, on est chez autrui.

On peut très bien concevoir, et, en fait, on connaît trois espèces de frontières : politique, douanière, militaire, qui ne coïncident pas toujours nécessairement. La frontière militaire ou la frontière douanière peut être, — il y en a ou il y en a eu des exemples, sans sortir d'Allemagne même, — en avant de la frontière politique. Pour nous, du côté de l'Est, une frontière militaire sûre eût consisté essentiellement dans une

« marche » à jamais interdite à l'Allemagne, au militarisme allemand : par la démilitarisation de la rive gauche et d'une zone de cinquante kilomètres sur la rive droite, nous l'avons en une certaine mesure, à la condition d'être vigilants sans relâche, de ne rien laisser échapper, de ne pas fermer l'œil une minute et de ne pas, une minute, ouvrir le poing. Mais, si c'est tout, ce n'est pas assez. Les trois places de Cologne, Coblence, Mayence, vidées plus tard de garnisons allemandes et démantelées, en vertu de l'article 42, ne donnent encore à la France que ce que nous avons appelé des « sûretés négatives ». Une « sûreté positive » aurait résidé dans la possession des six têtes de pont de la rive droite : Kehl (Strasbourg), Mannheim (Ludwigshafen), Kastel (Mayence), Ehrenbreitstein (Coblence), Deutz (Cologne), et, au Nord, Wesel; ou dans l'occupation précaire et temporaire de ces six têtes de pont, sur les trente et un passages du Rhin et moyens de tout genre pour le franchir, qui s'échelonnent entre Bâle et la frontière hollandaise (1); mais dans leur possession, pleine, permanente, perpétuelle, qui eût marqué et institué vraiment au Rhin la frontière militaire de la France.

Cette sûreté positive, cette sûreté de position, sûreté en nous-mêmes et par elle-même, nous ne l'avons pas. Rêvons un peu. Peut-être eût-on pu faire de Cologne, de Coblence et de Mayence trois places fédérales d'une qualité nouvelle, trois forteresses de la Société des nations descendue des nuées sur la terre. Peut-être, au lieu de choisir Genève pour devenir le

(1) TRAVAUX DU COMITÉ D'ÉTUDES, t. Ⅰᵉʳ : *L'Alsace-Lorraine et la frontière du Nord-Est,* Vᵉ partie : I. *La frontière du Nord et du Nord-Est.* — II. *Le Rhin frontière militaire,* par le général BOURGEOIS. — Appendice I. Largeur du Rhin en aval de Bâle. — Appendice II. Ponts sur le Rhin entre Bâle et la frontière hollandaise.

siège de cette Société, et de recommander Bruxelles, par un motif excellent, mais sentimental, la désignation véritablement politique eût-elle été celle d'une ville de la région rhénane, d'Aix-la-Chapelle, par exemple, afin de matérialiser aux yeux de l'Allemagne le droit dans la force. Mais cette suggestion tardive excède, elle aussi, notre compétence. Encore bien plus l'excéderait la question de savoir si et jusqu'où les conventions du 28 juin avec les États-Unis d'Amérique et avec la Grande-Bretagne suppléent à la frontière militaire du Rhin, que nous n'avons pas. Il est clair qu'on nous a présenté l'option : cette frontière *ou* les alliances, mais que la thèse française avait été primitivement : une bonne frontière militaire, et que la solution idéale aurait été : la bonne frontière *et* les alliances. (Par « alliances nous entendons, sans subtilité de droit constitutionnel, avec la Grande-Bretagne, l'alliance, et, avec les États-Unis, l'association.)

C. — Vue d'ensemble sur les frontières de l'Allemagne avec la France.

A défaut de la frontière du Rhin, que vaut, pour nous couvrir, la frontière de 1870, qui nous est rendue à la fois comme frontière politique et frontière militaire? Quels sont, à son sujet, les enseignements de la géographie et de l'histoire?

Le 18 janvier 1919, à l'ouverture de la Conférence de la Paix, M. le Président de la République française disait, en parlant de la victoire des armées alliées et associées :

« Cette victoire est totale, puisque l'ennemi n'a demandé l'armistice que pour éviter un irrémédiable désastre militaire; et, de cette victoire totale, il vous appartient de tirer aujourd'hui, dans l'intérêt de la justice et de la paix, les conséquences totales. »

Et, plus haut :

« Elle *(la justice)* est logique en demandant que ces garanties soient données, avant tout, aux nations qui ont été et qui peuvent être encore le plus exposées à des agressions ou des menaces, à celles qui ont maintes fois risqué d'être submergées sous le flot périodique des mêmes invasions. »

La géographie et l'histoire s'accordent pour montrer que, contre les agressions et les menaces de l'Allemagne, contre le flot périodique, et plus de cent fois ramené, depuis que les Germains sont sortis de leurs forêts, des invasions allemandes, il n'y a physiquement qu'une garantie ; et, par conséquent, il n'y a qu'une frontière, le Rhin.

Le Rhin est le fossé, non seulement de l'Alsace, mais de la France entière, et non seulement de la France, mais de tout l'Occident. La France peut avoir, à l'Est, une autre frontière politique, qui peut être avancée ou reculée ici ou là ; mais la France, la Belgique, l'Angleterre, et, par delà l'Océan, l'Amérique elle-même n'ont, à l'Est, qu'une bonne frontière militaire, le Rhin. Jamais, tant que le Rhin n'a pas été cette frontière, nous n'avons eu de sécurité ni de tranquillité. Jamais nous n'en aurons, tant qu'il ne le sera pas. A cette garantie qui ne peut nous venir que de lui seul, aucune garantie extérieure ne suppléera tout à fait ; il peut y en avoir d'accessoires et de complémentaires, il n'y en a point d'équivalentes ; il en est qui peuvent s'y adjoindre, il n'en est pas qui puissent en dispenser.

Que dit l'histoire ? La frontière de 1815, — celle de 1870, — nous a livrés à l'ennemi, qui savait bien ce qu'il faisait en nous l'imposant.

« Au point de vue exclusivement militaire, dit un

technicien réputé, militaire et géographe (1), le tracé
de cette frontière était très désavantageux pour la
France, particulièrement pour la partie orientale, de
l'embouchure de la Lauter à la Moselle, où elle tou-
chait le Luxembourg. L'armée allemande principale,
maîtresse des têtes de pont de la Sarre, pouvait débou-
cher en Lorraine en masquant les places de Metz et de
Thionville, ce qui faisait tomber d'un seul coup la
ligne du Rhin et celle des Vosges. L'armée secondaire,
destinée à opérer en Basse-Alsace, avait sa liberté de
manœuvre depuis la perte de Landau. La liaison avec
l'armée de Lorraine était assurée par la route de Pirmasens à Sarrebrück, tout entière en Allemagne, et
par celle de Wissembourg à Sarreguemines, par
Hornbach, qui n'est pas défendue; elle pouvait ensuite
s'ouvrir à travers les Vosges certaines routes impar-
faitement défendues, situées plus au sud, en particulier celle de Haguenau à Sarre-Union, qui n'était
barrée que par la mauvaise forteresse de la Petite-
Pierre. » La frontière de 1814, un peu meilleure,
n'était déjà pas excellente; mais les dangers qu'elle
présentait avaient été considérablement accrus par
les « rectifications » — disons par les « amputations » —
de 1815 : par l'abandon de Landau et de la Queich,
celui de la ligne de la Sarre, et aussi, plus à l'ouest,
celui de Philippeville, de Marienbourg et du pays de
Chimay.

Un tracé de frontières correspondant au *statu quo
ante bellum*, sans l'Alsace et la Lorraine, eût donc été
désastreux pour la France; par bonheur, cette hypothèse n'a été à envisager en aucun cas, pas même
pour l'écarter. C'était l'impossible absolu, et personne

(1) TRAVAUX DU COMITÉ D'ÉTUDES. — *L'Alsace-Lorraine et la
frontière du Nord-Est*, t. Ier, V^e partie. Questions stratégiques :
1. *La frontière militaire du Nord et du Nord-Est*. — II. *Le Rhin
frontière militaire*, par le général BOURGEOIS, p. 325 à 337.

au monde n'y a un instant songé. La simple restitution à la France de l'Alsace-Lorraine de 1870, dans ses frontières fixées par le traité du 20 novembre 1815, serait en elle-même insuffisante comme garantie militaire, puisque c'est pour s'ouvrir et se tenir ouvertes les portes de notre pays que ce traité nous a enlevé, entre autres points, la ligne de la Sarre avec Sarrelouis et Sarrebrück, et la ligne de la basse Queich avec Landau. Une frontière politique partant de l'embouchure de la Queich dans le Rhin, remontant ensuite cette rivière jusqu'à son entrée dans la région montagneuse, puis gagnant et suivant la ligne de faîte entre les affluents de la Bliess et de la Sarre et ceux de la Nahe, pour venir atteindre la Moselle et la côtoyer, analogue en somme, avec quelques corrections, à la frontière de 1814, eût offert des avantages certains. Elle nous eût assuré le commandement de passages, de routes, de nœuds de chemins de fer, de voies de pénétration et de liaisons transversales, la maîtrise d'une position qui a joué un rôle important dans les guerres antérieures. « Mais, même dans ces conditions améliorées, l'Allemagne conserverait toujours une place d'armes menaçante entre le Rhin, la Moselle et la frontière française, dans laquelle, maîtresse des débouchés du Rhin, elle peut concentrer une partie tout au moins de ses armées. Cette place d'armes fait tomber par sa seule existence notre ligne de défense du Rhin, de la Queich à Bâle, et toute la chaîne des Vosges et du Hardt ». D'où la conclusion invariable, inéluctable : physiquement, la seule frontière militaire qui eût assuré à la France une paix durable est la frontière du Rhin.

Physiquement, la solution totale, « sûretés négatives » et « sûretés positives » combinées, aurait été dans ce que nous avons : la formation, entre les frontières politiques de la Belgique et de la France et le Rhin, d'une sorte de Marche nous séparant de l'Allemagne; marche placée autant que possible sous un régime politique spécial, mais en tout cas organisée de telle sorte que les forces militaires allemandes en soient entièrement exclues, sans forteresses et sans garnisons, sans camps d'instruction ou de concentration, totalement démilitarisée, totalement « amilitarisée »; et dans ce que nous n'avons pas : ensuite, à la limite orientale de cette Marche, le Rhin redevenu, du moins au point de vue militaire, ce qu'il n'aurait jamais dû cesser d'être : une frontière. La seule efficace, à elle seule nécessaire et suffisante.

« Par sa direction sud-nord, perpendiculaire aux grandes lignes d'invasion, par le volume de ses eaux et la rapidité de son cours, ainsi que la largeur de son lit, le Rhin est une des barrières naturelles les plus difficiles à franchir, même pour des armées modernes. »

En bordure de cette limite, « les trois places fortes qui ont été conservées par l'Allemagne depuis 1871, Mayence, Cologne et Coblence, avaient un rôle tout particulièrement offensif et formaient, toutes les trois, grande tête de pont sur la rive gauche. (Les trois villes, du reste, sont sur la rive gauche.) Dans l'hypothèse d'une démilitarisation de la rive gauche du Rhin, ces trois places devaient, en tout état de cause, être évacuées et démantelées. Mais il y aurait eu mieux à en faire. On eût donné une force extraordinaire à la barrière du Rhin, si l'on avait pu faire de ces trois places des places « fédérales » — disons « interalliées », au sens des alliances déclarées; — trois places occupées par les troupes de la Société des nations (qui aurait eu des troupes), comme l'a été le Luxembourg par la Confédération germanique avant 1867. Dans ce cas, le Rhin aurait formé pour la France, pour tout l'Occident, une barrière défensive insurmontable.

Par la combinaison de ces « sûretés négatives » et de ces « sûretés positives », la puissance offensive, sinon la volonté de nuire de l'empire allemand aurait été certainement annihilée, et toute l'Europe occidentale, tout l'Occident, prochain et extrême, certainement assuré de la paix; surtout si, comme nous l'avons dit, le système avait été complété par la possession ou le commandement des trois têtes de pont, sur la rive droite, de Kastel (Mayence), Ehrenbreitstein (Coblence) et Deutz (Cologne). La conclusion est toujours la même, de quelque côté qu'on y vienne : la même pour la sécurité de la France, et pour la paix de l'Occident, pour la paix universelle. Non seulement le Rhin, frontière militaire, aurait été la plus forte garantie de la paix; mais même il en était, et il en est demeuré physiquement la condition *sine qua non*. La frontière que nous rend le traité de Versailles, c'est « la frontière au 18 juillet 1870, depuis le Luxembourg jusqu'à la Suisse ». C'est la plus grande partie, mais une partie seulement, du bien qui nous fut volé. Ce ne sont pas même nos limites de 1814; les ouvertures ménagées dans notre mur ne sont pas bouchées; notre maison reste mal close. Le traité ne nous rend ni Landau, ni la ligne de la Queich, ni surtout la voie ferrée de Landau à Sarrebrück, par Deux-Ponts et Saint-Ingbert, dont on a fait ci-dessus ressortir la haute valeur stratégique. Il ne nous donne à Sarrelouis qu'un droit partagé d'occupation provisoire, pour quinze ans, et comme sous condition suspensive. Pourtant les preuves étaient irrécusables de la persistance du sentiment français à Sarrelouis et à Landau. Dans les dernières pages qu'il ait laissées, M. Vidal de la Blache a écrit :

« Il s'en faut que, sur la Sarre, tout se réduise pour nous à une question de charbon. Il s'agit tout autant de notre sécurité. Il s'agit de boucher quelques-uns des trous que les profonds calculs de la Prusse avaient creusés tout le long de nos frontières du Nord-Est, depuis le Rhin jusqu'aux sources de l'Oise, et de réparer la faute commise par l'Angleterre contre l'Europe et contre elle-même, en adoptant comme un chef-d'œuvre de politique, l'idée de mettre la Prusse en contact avec la France sur la rive gauche (1). »

Comment se serait-il trouvé un homme d'État pour refuser de comprendre que, de 1815 à 1919, la situation était exactement retournée; que, tandis qu'en 1815 on pouvait prendre avec une apparence de raison des mesures de préservation contre les agressions et les menaces de l'Empire napoléonien, tout au rebours, en 1919, c'était contre les agressions et les menaces du Reich allemand que l'on devait chercher et trouver des garanties? On ne les a ni trouvées, ni peut-être sérieusement cherchées dans la nature. C'est tout ce qu'il nous appartient d'en dire, après avoir interrogé la géographie et l'histoire. Le rapport général dira le reste.

Toutefois, il est juste de rapprocher de la section III, *Rive gauche du Rhin*, et même d'y joindre, réserve faite de ce qu'il adviendra dans quinze ans, la section IV, *Bassin de la Sarre*.

(1) TRAVAUX DU COMITÉ D'ÉTUDES. T. Iᵉʳ : *L'Alsace-Lorraine et les frontières du Nord-Est. — La frontière de la Sarre*, par P. VIDAL DE LA BLACHE.

BASSIN DE LA SARRE

Texte du Traité. ART. 45. — En compensation de la destruction des mines de charbon dans le nord de la France, et à valoir sur le montant de la réparation des dommages de guerre dus par l'Allemagne, celle-ci cède à la France la propriété entière et absolue, franche et quitte de toutes dettes ou charges, avec droit exclusif d'exploitation, des mines de charbon situées dans le Bassin de la Sarre, délimité comme il est dit à l'article 48.

ART. 46. — En vue d'assurer les droits et le bien-être de la population et de garantir à la France la pleine liberté d'exploitation des mines, l'Allemagne accepte les dispositions des chapitres Ier et II de l'annexe ci-jointe.

(Le chapitre Ier de l'annexe traite « des propriétés minières cédées et de leur exploitation »; le chapitre II, du gouvernement des territoires du Bassin de la Sarre.)

ART. 47. — En vue de pourvoir en temps opportun au statut définitif du Bassin de la Sarre, en tenant compte des vœux de la population, la France et l'Allemagne acceptent les dispositions du chapitre III de l'annexe ci-jointe.

(Le chapitre III de l'annexe prescrit qu'une consultation populaire sera faite à l'expiration d'un délai de quinze ans, en fixe les conditions et en détermine les conséquences.)

Art. 48. — Délimitation du territoire du Bassin de la Sarre.

Art. 49. — L'Allemagne renonce, en faveur de la Société des nations, considérée ici comme un fidéicommissaire, au gouvernement du territoire ci-dessus spécifié.

(Le paragraphe II pose le principe qu'au bout de quinze ans, la population dudit territoire sera appelée à faire connaître la souveraineté sous laquelle elle désirerait être placée.)

Art. 50. — Renvoi à l'annexe, « qui sera considérée comme faisant partie intégrante du présent Traité, et que l'Allemagne déclare agréer », pour les détails relatifs à la cession des mines du Bassin de Sarre, aux mesures destinées à assurer le respect des droits et le bien-être en même temps que le gouvernement des populations, et aux conditions dans lesquelles aura lieu la consultation populaire.

Les *Remarques de la Délégation allemande sur les conditions de paix* disent d'un ton tranchant (p. 30) :

« Depuis plus de mille ans (à dater du traité de Meersen en 870), le territoire de la Sarre est allemand. L'occupation passagère, à la suite d'entreprises guerrières de la France, s'est toujours terminée au bout de peu de temps par la rétrocession de ce pays lors de la conclusion de la paix. Dans un laps de temps de mille quarante-huit années, la France n'a même pas occupé le pays soixante-huit ans. Au premier Traité de Paris (1814), une petite partie du territoire actuellement convoité resta incorporée à la France, mais la population intéressée éleva une protestation des plus véhémentes et réclama sa réintégration dans la patrie allemande, avec laquelle elle s'apparente par la langue, les mœurs et la religion.

« Après une occupation de quinze mois, ce vœu fut pris en considération au deuxième Traité de

Paris (1815). Depuis cette date, ce territoire a fait sans interruption partie de l'Allemagne et il doit à cette union sa prospérité économique. »

Il y a, dans ces quinze lignes, un amas d'erreurs, de contre-vérités, de demi-vérités ou de vérités tendancieusement interprétées. C'est un bon échantillon de ce que sait faire la science sophistiquée des Universités d'outre-Rhin. La Délégation française, sans parler des autres, avait en mains de quoi jeter à terre et réduire en poudre cette construction, toute en façade. Jamais, depuis la paix de Westphalie, négociation n'avait été mieux préparée. Un comité d'études avait, par deux années de travail assidu, rassemblé, trié, disposé des matériaux de premier choix (1). Il est fâcheux qu'on ne s'en soit pas plus fréquemment et plus utilement servi; très regrettable, par-dessus tout, qu'à l'audace des assertions allemandes sur le germanisme ininterrompu de la région de la Sarre la *Réponse des Puissances alliées et associées* n'ait opposé rien, pas un mot. Et ce que nous disons à propos de la Sarre, il aurait fallu le dire à propos de la rive gauche du Rhin, il faudrait le répéter à propos de l'Alsace-Lorraine. On sait bien qu'il y a maintenant une nouvelle école qui se pique de négliger l'histoire, sous le prétexte que notre temps ne ressemble à aucun de ceux qui l'ont précédé et que nous vivons des jours tels que l'humanité n'en avait pas encore vécu de pareils. Mais, quelle que soit l'excuse ou la raison qu'ils en donnent, ceux-ci parce qu'ils ont volontairement fait fi de l'histoire, ceux-là parce qu'ils en ont été trop superficiel-

---

(1) Travaux du Comité d'études, T. Iᵉʳ. *L'Alsace-Lorraine et la frontière du Nord-Est.* Première partie. I. *La frontière entre l'Alsace et le Palatinat,* par Christian Pfister; — II. *La frontière de la Sarre,* par Paul Vidal de la Blache; — III. *Le bassin houiller de Sarrebrück,* étude économique et politique, par L. Gallois.

lement instruits, et si l'on ne peut pas toujours le leur reprocher, il semble que le sens historique ait un peu manqué à quelques-uns des artisans de la grande œuvre, et ce sont les plus vieilles nations, celles qui ont la plus longue histoire, qui en ont naturellement pâti.

Nous ne pouvons pas laisser, sans y contredire, accréditer par l'Allemagne que nous soyons des étrangers sur la Sarre. Là, comme ailleurs, sur la Sarre comme sur le Rhin, la « politique de sécurité de la France » nous a amenés ou ramenés, au seizième et au dix-septième siècle. Quand nous avons occupé Metz en 1552, l'Alsace pendant la guerre de Trente ans, nous n'y sommes pas allés uniquement de nous-mêmes, mais, redisons-le, appelés par les princes protestants allemands, qui redoutaient l'absolutisme de l'Empereur. Nous fûmes accueillis avec empressement par les populations, heureuses d'être protégées par la puissance et fières de participer au prestige de la France. Lasses de la faiblesse anarchique de l'Empire, elles connurent la paix française. L'Alsace, ruinée auparavant par les guerres interminables, en jouit doucement durant plus d'un siècle.

Un savant éminent, qui connaît à fond ces régions, pour y être né et en avoir fait l'objet de ses continuelles recherches, M. Lucien Gallois, professeur à la Faculté des Lettres de l'Université de Paris, a bien voulu prendre la peine de rédiger pour nous une note, que le plus sage est d'insérer ici, puisqu'on ne saurait invoquer une autorité plus généralement reconnue :

Au dix-septième siècle, dit sommairement M. Gallois, par l'occupation de l'Alsace, le duché de Lorraine se trouve enclavé entre les terres françaises. Il a déjà été occupé à plusieurs reprises pendant les guerres. C'est un pays bien plus français que l'Alsace.

Il ne pourra pas tarder à devenir français à son tour.

Or le duché de Lorraine s'étend sur la plus grande partie du bassin de la Sarre. Au voisinage de la ville actuelle de Sarrelouis, se trouve le bourg de Vaudrevange. C'est le chef-lieu d'un des trois bailliages du duché de Lorraine. Ce bailliage de Vaudrevange s'étend même assez loin au nord, jusqu'à Tholey, aux confins de la principauté de Birkenfeld actuelle.

La Sarre, dans la partie de son cours où elle coule vers le nord-ouest, c'est-à-dire en aval de Sarrebrück, est le fossé de la Lorraine. C'est sa seule ligne de défense. Il y a là, sur la rive gauche, au sud de Sarrelouis, des hauteurs qui dominent au loin la rive droite. Pendant la dernière moitié du dix-septième siècle, la France décide de s'y installer.

Vaudrevange a été presque complètement détruit pendant la guerre de Trente ans. Vauban va faire construire au voisinage une ville nouvelle qui sera une place forte. En 1680 commence, sur les plans qu'il a dressés, la construction de Sarrelouis. C'est une création. On y attire des colons français. Ainsi s'explique le grand nombre de noms français qu'on rencontre encore à Sarrelouis et aux environs.

Tout à côté, en amont, Sarrebrück est la toute petite capitale d'une principauté : la principauté de Nassau-Sarrebrück. Les princes de Nassau-Sarrebrück vivent le plus souvent à Paris. Ils lèvent des régiments pour la France. L'un d'eux, au dix-huitième siècle, sert dans les armées du roi. Comme tous les princes rhénans, ils sont à la dévotion de la France.

En 1766, à la mort de Stanislas Leczinski, et par suite d'un arrangement antérieurement conclu avec les ducs de Lorraine, la Lorraine devient française. Nous voilà donc maîtres du pays de la Sarre (sauf Sarrebrück); notre frontière s'étend au delà de Tholey.

Mais elle est mal dessinée. Il y a, de part et d'autre,

des enclaves. La politique française, dans la dernière partie du règne de Louis XV et sous Louis XVI, consiste à régulariser cette frontière. C'est ainsi que, par une série de traités, dont le dernier est de 1786, nous renonçons à Tholey, que nous abandonnons au duc de Deux-Ponts. En échange, le duc s'engage à nous céder, au nord de l'Alsace, une partie des territoires qui séparent Landau du reste de la province. Ces territoires doivent en effet lui revenir par héritage. En fait, la Révolution ayant éclaté dans l'intervalle, cette cession n'eut pas lieu, mais le traité était formel. D'ailleurs, les armées de la République s'y installèrent dès 1792 (1).

Telle était la situation au moment de la Révolution. Nous occupions solidement, par Sarrelouis, une partie de la ligne de défense de la Sarre, et, jusqu'au Rhin, les princes laïques ou ecclésiastiques étaient dans notre clientèle.

D'autre part, la forteresse de Landau, reconstruite par Vauban, couvrait l'Alsace.

Dès la Révolution, tous ces pays jusqu'au Rhin entrent en fermentation. Nos troupes y sont parfaitement accueillies. Les gens de Tholey, cédés en 1786 au duc de Deux-Ponts, réclament dès 1793 leur retour à la Lorraine et à la France. La Convention, sur le rapport de Carnot, fait droit à leur demande. Sur toute cette frontière, un assez grand nombre de villages (exactement 42) qui n'avaient jamais été français pétitionnent pour être rattachés à la France.

En 1797, après consultation des chefs de famille, tout le pays jusqu'au Rhin est annexé. On y crée trois départements : Sarre, chef-lieu Trèves; Mont-Tonnerre, chef-lieu Mayence; Rhin-et-Moselle, chef-lieu

(1) V. Travaux du Comité d'études, tome Ier. Mémoires de MM. Vidal de la Blache et Gallois. Cf. notes complémentaires de M. Fallex. Un des premiers, notre collègue, M. Fernand Engerand, avait soulevé cette question.

Coblence. Sarrebrück fait partie du département de la Sarre, mais Sarrelouis, qui était français depuis plus d'un siècle, dépend du département de la Moselle.

La région de Sarrebrück était déjà à cette époque un pays industriel. Depuis le quinzième siècle, on y avait reconnu la présence de la houille. Mais elle ne servait encore qu'aux usages domestiques. Les forges qui utilisaient les minerais de fer assez pauvres de la région étaient des forges au bois. Au cours du dix-huitième siècle, le prince de Nassau-Sarrebrück s'attribue la propriété des mines et en afferme l'exploitation. Le Gouvernement français, quand il prend possession du pays, continue le même système. Mais Napoléon, qui pressent toute l'importance que prendront les mines de houille, fait entreprendre une étude minutieuse du bassin en vue d'en préparer l'exploitation méthodique et d'y accorder des concessions. Mais, si l'étude du bassin était terminée en 1815, on ne s'était pas mis d'accord sur le régime des concessions et, provisoirement, c'est le Gouvernement qui assurait l'exploitation des charbonnages.

La Prusse, lorsqu'elle a pris possession du pays en 1815, a rendu ce provisoire définitif. C'est ainsi que les mines du bassin de la Sarre, sauf une, appartiennent à l'État et sont exploitées par lui. Ce sont, comme on dit, des mines fiscales. Il en est de même pour la petite partie du bassin qui fut donnée à la Bavière (Palatinat). Sauf une, les mines bavaroises sont aussi des mines d'État.

Comment la Prusse s'est-elle trouvée installée sur cette frontière?

En 1814, au premier traité de Paris, les Alliés avaient décidé de ramener la France à ses limites d'avant la Révolution. Mais il est remarquable qu'on ait fait alors une exception pour Sarrebrück, qui fut laissé à la France (en échange d'un certain nombre de communes situées à l'ouest de Sarrelouis, françaises avant la Révolution, mais que nous cédâmes alors). Pourquoi nous avait-on laissé Sarrebrück et son bassin houiller dans les limites où il était alors connu? Parce qu'on considérait le charbon de la Sarre comme nécessaire aux industries lorraines, particulièrement aux salines de Dieuze, Marsal, Château-Salins, etc.

Mais Napoléon s'est échappé de l'île d'Elbe. La guerre a recommencé. Le congrès de Vienne s'est hâté de terminer le remaniement de la carte d'Europe. C'est alors qu'on décide d'installer la Prusse sur notre frontière et dans les pays rhénans. Après Waterloo, malgré les promesses faites par les Alliés à Louis XVIII qu'on respecterait la frontière de 1814, cette frontière est remaniée au second traité de Paris. Nous perdons, sur la frontière de Lorraine et d'Alsace, les deux forteresses de Sarrelouis et de Landau qui en défendaient l'entrée; et, par surcroît, nous perdons les charbonnages de la Sarre que nos ingénieurs avaient contribué à mettre en valeur. La Prusse exigea, en 1815, qu'on lui remît l'Atlas où étaient résumés leurs travaux.

L'annexion fut douloureusement ressentie dans le vieux pays français de Sarrelouis. C'était la patrie du maréchal Ney, et bien d'autres, parmi ses enfants, s'étaient illustrés pendant les guerres de l'Empire. Nombreux sont les Sarrelouisiens qui ont continué depuis à servir la France, en Crimée, en Italie. La liste en a été publiée. Il en est qui ont combattu dans nos rangs dans la guerre qui vient de finir. Ce pauvre pays de Sarrelouis, qui, en 1830, en 1848, en 1870, attendait impatiemment son retour à la France, fut traité par la Prusse comme une Alsace-Lorraine. Nous avons sur sa fidélité à la France un témoignage des plus touchants : un mémoire rédigé en 1880, lors du deuxième centenaire de la fondation de la ville, par un Sarrelouisien qui a gardé l'anonymat, mais qu'on connaît bien dans le pays : Baltzer. Il se termine par ces mots :

« Pour nous, nous acceptons les arrêts du destin et nous nous inclinons devant la fatalité. Mais Français nous sommes et Français nous resterons, attendant avec confiance le jour tant désiré où les couleurs de la patrie reflotteront sur Sarrelouis, le jour béni où nous serons rendus à notre mère chérie, la France (1). »

En 1870, les Prussiens durent se faire livrer chaque jour à Sarrelouis des otages. Plusieurs Sarrelouisiens furent déportés et emprisonnés. Mais l'annexion de l'Alsace-Lorraine, qui nous rendait ce pays encore plus lointain, avait brisé la résistance. On s'inclinait, comme dit Baltzer, devant la fatalité. L'entrée des troupes françaises à Sarrelouis a réveillé des sentiments à peine endormis. Une démarche spontanée des représentants les plus qualifiés de Sarrelouis nous eût donné le droit de revendiquer cette vieille terre française. Nous aurions pu aussi faire valoir l'intérêt que présentait le fossé de la Sarre pour la défense de la Lorraine. La forteresse, qui n'avait plus de valeur militaire, a été démantelée, mais les hauteurs qui dominent au sud la vallée gardent toute leur importance.

Sarrebrück, en 1815, n'avait été français que pendant vingt-trois ans. Des témoignages d'écrivains allemands permettent de se rendre compte qu'on s'y accommodait fort bien d'un régime qui favorisait les affaires. Les industries métallurgiques surtout, qui trouvaient en France un large débouché, s'étaient beaucoup développées. C'est même pour ruiner la concurrence que leur faisait Sarrebrück, entre les mains

____

(1) TRAVAUX DU COMITÉ D'ÉTUDES, tome Ier, première partie, *le Bassin de la Sarre*, appendice III. — *Un témoignage sur la persistance du sentiment français à Sarrebrück* (1815-1880), par A. AULARD, p. 141-151.

de la France, que les métallurgistes allemands de Westphalie réclamèrent son rattachement à l'Allemagne.
Leur intervention occulte dans les négociations n'est
pas douteuse.

Depuis 1815, depuis 1850 surtout, l'exploitation des
charbonnages a pris une très grande extension. De
grandes usines, outillées à la moderne, se sont instal-
lées près des puits de mines. Elles utilisent les minerais
de fer de la Lorraine voisine. Pour se trouver plus
près encore des minerais, les métallurgistes de la Sarre,
comme ceux de Westphalie, d'ailleurs, ont construit des
hauts fourneaux dans la vallée de la Moselle, entre
Metz et Thionville. La fonte qu'ils y produisent est
traitée sur place ou expédiée dans les aciéries de la
Sarre. Les deux régions sont devenues de plus en plus
solidaires. Elles le seraient plus encore si le charbon
de la Sarre n'était pas de médiocre valeur pour la production du coke. Il faut, en effet, dans les fours à
coke, le mélanger à des charbons de Westphalie. On
vient, il est vrai, de découvrir un procédé permettant
de transformer en coke des houilles considérées jusqu'à
présent comme impropres à cette fabrication (procédé
Charpy), mais cette découverte de laboratoire n'est pas
encore entrée dans la pratique, et il convient d'attendre
les résultats qu'elle donnera dans l'industrie.

La mise en valeur du bassin houiller et les progrès
des industries dans le bassin y ont naturellement
attiré une nombreuse population. On y comptait,
en 1913 (mines prussiennes et mines bavaroises)
56 000 mineurs et 45 000 ouvriers d'industrie. Mais,
sauf aux environs de la période 1855-1860 qui correspond à la construction des chemins de fer et détermina
de très rapides progrès dans toutes ces industries, le
recrutement de la main-d'œuvre a pu se faire dans la
région même. Ce sont les paysans qui sont venus aux
mines et aux usines. Et les étrangers, dont l'immigra-

tion a duré jusqu'en 1867, et qui venaient de l'Eifel, du Hunsrück, de la Thuringe, même de la Bohême, se sont actuellement fondus dans la population indigène. Il n'en est pas moins vrai qu'il s'est produit, à Sarrebrück et dans tout le bassin, une concentration de populations sans traditions historiques, sans résistance à la propagande et à la discipline prussiennes.

Il n'apparaît pas, dans le texte du Traité, qu'on ait tenu compte de ces précédents historiques. D'une façon générale, d'ailleurs, les droits historiques ne paraissent pas avoir influé sur les décisions des arbitres. On ne saurait les en blâmer, car le passé n'engage pas toujours le présent. Il y a prescription pour beaucoup de précédents historiques dont on prétend tirer argument. Il est donc plus sage de s'en tenir au présent.

Nous ne pouvons cependant pas dissimuler notre regret qu'on n'ait rien obtenu pour Landau. Comme Sarrelouis, la vieille forteresse avait perdu toute valeur de défense et ses remparts ont été transformés en promenades. Mais Landau n'en était pas moins une des dix anciennes villes libres d'Alsace. Sans Landau, il nous semble que l'Alsace n'est pas complète. Et, tout de même, il eût mieux valu reporter sur la Queich notre ligne de défense, plutôt que de la maintenir sur la Lauter. On a préféré d'autres garanties. Ce n'est pas ici qu'il convient de les étudier ni de rechercher si elles peuvent être considérées comme efficaces. Il faut reconnaître aussi que le sentiment des populations n'était pas aussi net à Landau qu'à Sarrelouis. On s'y attendait pourtant à du nouveau, et il semble bien que le retour à la France n'eût pas été mal accueilli.

C'est donc en faisant table rase du passé qu'on a résolu la question du bassin de la Sarre. Au moins en apparence, car il n'est pas possible que ce passé, qu'on écartait, ne se soit pas imposé, malgré tout, à la pensée des négociateurs.

On a considéré que la France, déjà déficitaire de charbon, même si ses usines fussent restées intactes, allait, par le retour de l'Alsace-Lorraine, en être encore appauvrie. Car l'Alsace-Lorraine consomme plus de charbon qu'elle n'en produit. Production de l'Alsace-Lorraine en 1913 : 3 800 000 tonnes; consommation : 11 130 000 tonnes; déficit : 7 330 000 tonnes, qui, s'ajoutant à notre déficit normal (en 1913) de 18 492 000 tonnes, le porterait à 25 822 000 tonnes (1). Mais la plupart de nos mines du Nord ont été mises pour longtemps hors de service, un certain nombre d'entre elles intentionnellement.

Il a semblé qu'il y avait là un fait tellement grave qu'il devait donner lieu à une réparation immédiate et durable. Les mines de charbon de la Sarre sont cédées en toute propriété à la France (article 45), à valoir sur le montant de la réparation des dommages de guerre dus par l'Allemagne. Dans ses contre-propositions, le Gouvernement allemand a protesté contre cette cession définitive. Il a offert d'assurer, jusqu'à la réparation du dommage, des livraisons de charbon équivalentes au déficit des charbonnages du Nord. Mais, outre qu'il peut ne pas être maître de faire ces livraisons comme il le voudrait (grèves possibles dans les mines ou les transports), il ne tient pas compte du fait qu'il s'agit d'une réparation en nature, « à valoir sur le montant de la réparation des dommages de guerre » qui lui incombent. C'est l'équivalent d'une somme que l'Allemagne devra de toute façon aliéner en capital. On ne peut trouver, dans l'article 45, rien qui choque l'équité. D'ailleurs, un correctif est apporté à cet article, par le paragraphe 36 du chapitre III de l'annexe qui stipule

(1) Ces chiffres sont extraits du *Rapport général sur l'industrie française* (première partie), récemment publié par le Ministère du Commerce.

qu'au cas où partie du territoire ferait retour à l'Allemagne, le Gouvernement allemand aurait le droit de racheter les mines qui y sont situées. La possibilité du rachat total est même envisagée pour le cas où le territoire tout entier ferait retour à l'Allemagne. Le paiement doit avoir lieu en or, mais une hypothèque est admise. Toute facilité de paiement est donc accordée, à condition que des garanties soient fournies.

De ces dispositions, il résulte que le sort des mines de la Sarre est entre les mains de la population du pays, mais qu'elles serviront, en attendant, de gage pour le paiement des réparations dues par l'Allemagne. On ne peut pas dire que ces conditions soient excessives.

Mais les auteurs du Traité ont reconnu l'impossibilité où se verrait le Gouvernement français d'user de ce gage et d'exploiter le bassin, s'il se trouvait en présence d'une administration et d'une police indifférentes ou hostiles. C'est, en effet, « en vue... de garantir à la France la pleine liberté d'exploitation des mines » (art. 46), que sont prises les mesures énumérées dans l'annexe.

Elles se résument en ceci :

« Le gouvernement du territoire du bassin de la Sarre sera confié à une Commission représentant la Société des nations » (paragraphe 16).

Suivent les détails sur la manière dont sera composée cette Commission :

« La Commission de gouvernement aura, sur le territoire du bassin de la Sarre, tous les pouvoirs de gouvernement appartenant antérieurement à l'Empire allemand, à la Prusse et à la Bavière... » (paragraphe 19). La rédaction de ce paragraphe envisage probablement les administrations d'Empire et, d'autre part, les administrations prussienne et bavaroise. Il semble que cela eût pu être dit plus clairement.

A l'expiration d'un délai de quinze ans, la population

sera appelée à faire connaître sa volonté : maintien du régime établi par le présent Traité; union à la France; union à l'Allemagne. Le vote aura lieu par commune ou par district. Ce second terme est vague. S'agit-il du cercle ou du canton? D'autre part, pourquoi ne pas décider dès maintenant entre les deux modes ou dire tout simplement : le vote aura lieu par commune? La Société des nations aura le droit de prononcer en tenant compte du désir exprimé. On ne peut qu'approuver cette décision de ne pas considérer le pays comme un bloc et d'y réserver le droit des minorités, s'il s'en trouve. Peut-être, pourtant, le délai de quinze ans est-il un peu court. La très grande majorité des électeurs et des électrices aura reçu, en effet, l'enseignement des écoles prussiennes. C'est une empreinte qui ne s'efface pas facilement. On a eu raison toutefois d'exclure du vote ceux qui s'établiront dans le pays après la signature du traité.

Quelle sera, en attendant, la nationalité des habitants du bassin? Le paragraphe 27 stipule qu'aucune atteinte ne sera portée à leur nationalité actuelle. Ils resteront donc Allemands. Mais le même paragraphe ajoute qu'ils pourront acquérir une autre nationalité, c'est-à-dire, par exemple, la nationalité française. Par ce que nous savons de Sarrelouis, il est probable que des demandes de naturalisation s'y produiront dès maintenant.

Mais, tout en restant sujets allemands, les habitants du pays ne prendront pas part à d'autres élections que celles qui concernent les assemblées locales, ce qui revient à dire qu'ils n'exerceront pas en Allemagne leur droit d'électeur. Ils n'y feront pas non plus de service militaire. Il eût été bon de stipuler peut-être que l'Allemagne n'aura pas le droit d'installer des consulats dans le pays.

Au bout de quinze ans, la population fera connaître

« la souveraineté sous laquelle elle désirerait se voir placée » (art. 49). Mais la souveraineté ne tranche pas la question de nationalité. Un Allemand peut vivre sous la souveraineté française. La souveraineté entraînera-t-elle de plein droit la nationalité des habitants? Et, si le pays demande le *statu quo*, y aura-t-il une nationalité sarroise? Il ne semble pas que la solution de ces questions soit tranchée par le Traité.

Il est stipulé encore (§ 21 de l'annexe) que le territoire de la Sarre sera soumis au régime douanier français, étant entendu que le produit des droits de douane sur les marchandises destinées à la consommation locale sera attribué au budget du territoire. Cette clause détache en somme le territoire du Zollverein allemand. Mais aucune taxe d'exportation ne sera mise sur les produits métallurgiques ou le charbon sortant dudit territoire à destination de l'Allemagne, ni sur les exportations allemandes à destination des industries du territoire. Toutefois, pendant une période de cinq ans, les produits du pays de la Sarre entreront en franchise en Allemagne, et réciproquement pour les produits allemands.

L'article 48 délimite le territoire de la Sarre. Il ne pouvait pas comprendre seulement le pays où se trouvent les puits des mines. Il fallait y englober aussi les industries qui sont nées au voisinage et qui en vivent, et d'autre part les localités où habitent les ouvriers et les mineurs amenés chaque jour ou chaque semaine par chemin de fer à l'usine ou à la mine. Le tracé adopté donne à peu près toute satisfaction à cet égard. On a bien fait de pousser la frontière jusqu'au delà de Merzig et de Mettlach, dans la vallée aval de la Sarre. Ces deux localités ont toutes leurs relations avec Sarrelouis. On regrettera seulement que Deux-Ponts ait été laissé en dehors, car cette ville, avec ses importantes usines de quincaillerie, est encore dans la dépendance du bassin houiller.

Tel qu'il est délimité, ce territoire de la Sarre comprenait, au recensement de décembre 1910, 649 507 habitants pour une superficie de 192 779 hectares (en comptant pour leur totalité des communes qui pourront être sectionnées par le traité définitif), ce qui correspond à une densité de 337 habitants au kilomètre carré; même en défalquant du total les 105 089 habitants de Sarrebrück, cette densité dépasse encore 280.

Ce *memento* historique et cette analyse politique pourraient nous dispenser d'insister. Nous ne reviendrons, pour y appuyer, que sur quelques points. Voyons ce qu'est le bassin houiller de la Sarre, et si, comme l'a prétendu le gouvernement du Reich, — maintenant énergiquement sa volonté « de ne se laisser entraîner au cours des pourparlers de paix dans aucune discussion sur le statut politique de ce bassin, » — il n'existe vraiment « aucune raison historique ou autre » d'en contester à l'Allemagne la possession ou la souveraineté.

Il suffit de jeter les yeux sur la carte pour constater que le bassin houiller de la Sarre est bien loin de couvrir tout le bassin géographique de la Sarre. Il n'en représente qu'une assez faible partie. Sommairement, la région où se trouvent les puits de mine, dans ce qui est maintenant la Prusse rhénane et le Palatinat, a la forme d'un triangle, dont la base est parallèle à la Sarre entre Sarrebrück et Sarrelouis, et dont le sommet se trouve à Frankenholz, à neuf kilomètres au nord-ouest de Hombourg, avec prolongement au sud-ouest dans la Lorraine ci-devant annexée, et au nord-est dans le Palatinat bavarois (1).

(1) V. Travaux du Comité d'études, Section géologique.

« Toutefois, remarque encore M. L. Gallois, par bassin de Sarrebrück, il faut entendre non seulement la région des houillères, mais encore celle d'où proviennent les ouvriers qui y travaillent... Pour être maître des charbonnages, des usines qui en dépendent et des villages qui fournissent la main-d'œuvre indispensable à ces industries, voici, à peu près, où il faudrait tracer la frontière :

« Elle partirait, à l'ouest, de la vallée de la Sarre au-dessous de Mettlach et engloberait le cercle de Merzig en suivant la bordure orientale de la région montagneuse et forestière du Schwarzwald, qui sépare nettement les pays regardant vers Trèves et la Moselle de ceux ayant toutes leurs relations avec Sarrelouis et Sarrebrück. Elle entaillerait légèrement au sud la principauté de Birkenfeld, dépendance de l'Oldendourg, et couperait le cercle de Saint-Wendel dans l'étranglement compris entre la frontière de la principauté de Birkenfeld et celle du Palatinat. Elle pénétrerait dans le Palatinat entre Hombourg, au sud, et Landsthuhl, au nord, engloberait à peu près le cercle de Hombourg et viendrait rejoindre la frontière de 1815 en se tenant à l'est de la Bliess. »

Quant aux titres que la France pourrait faire valoir sur la Sarre, sans remonter même au traité des Pyrénées et au traité de Nimègue, sans rappeler encore la fondation, en 1680, de Sarrelouis, dont le nom demeure le témoin de sa royale origine, et, d'autre part, sans oublier ce que le traité de Ryswick nous fit perdre; sans nous embarrasser dans les conventions multiples, passées, vers la fin du dix-huitième siècle, avec les multiples princes et seigneurs, électeur de Trèves, comte de la Leyen, duc de Deux-Ponts, et nous mêler de l'histoire controversée du Bas-Office du bailliage de Schaumbourg ou canton de Tholey; sans relier, par la Révolution, l'Empire à la Monarchie (et pourtant, c'est une chaîne continue), nous nous contenterons de faire observer que la majeure partie des mines du bassin houiller de Sarrebrück, — neuf sur seize, — sont situées en deçà de notre frontière de 1814. Les motifs pour lesquels elles nous ont été prises et qui sont exposés tout au long dans des mémoires prussiens du temps sont justement ceux mêmes pour lesquels nous devions les réclamer. Que nous en ayons de supplémentaires, comme la dévastation systématique de nos régions houillères du Nord, cela n'est point niable et cela n'est point nié, même par M. le comte Brockdorff-Rantzau; mais, outre les raisons d'ordre économique, il est une autre considération qui n'a pas moins de force.

« Il s'en faut, s'écriait Vidal de la Blache, que, sur la Sarre, tout se réduise pour nous à une question de charbon. » Si le Rhin est, du côté de l'Alsace, le fossé de la France, et de tout l'Occident, la Sarre est notre fossé, quoique moins profond, du côté de la Lorraine.

« En 1814, les Alliés nous avaient laissé une ligne de défense : la Sarre, qui, de Sarreguemines à Merzig, sert de fossé à la Lorraine. C'est, dans tout le pays compris entre la Moselle et le Rhin, un des rares obstacles qui aient quelque valeur. La Prusse, installée en 1815 sur cette frontière, y ouvrit une large brèche; elle exigea qu'on lui remît la forteresse française de Sarrelouis. La vieille place de guerre a perdu, au cours du dix-neuvième siècle, toute valeur militaire. Elle a été déclassée en 1889 et son enceinte a été complètement détruite. Mais les hauteurs de Berus et de Felsberg qui la dominent au sud, celles du Siersberg, près du confluent de la Sarre et de la Nied, conservent toute leur valeur de défense. Elles s'élèvent à 150 mètres et 200 mètres au-dessus de la vallée et commandent au loin la rive droite beaucoup plus basse. Même si l'Allemagne devait retirer ses garnisons de la rive gauche du Rhin, n'aurions-nous pas le droit de demander qu'on ferme la brèche et qu'on nous rende le fossé de le Sarre ? »

Si on nous l'eût rendu purement et simplement, nous n'aurions fait, en revenant dans ce pays, que rentrer chez nous. Nous n'aurions fait, pour toute une partie, autour de Sarrebrück et de Sarrelouis, que recouvrer un bien qui nous fut volé, en 1814, tout aussi injustement que l'Alsace-Lorraine nous fut volée en 1871.

Le Traité du 28 juin ne nous rend pas la région de la Sarre, mais l'Allemagne cède à la France « la propriété entière et absolue, franche et quitte de toutes dettes ou charges, avec droit exclusif d'exploitation, des mines de charbon situées dans le bassin de la Sarre » (art. 45); quant au bassin lui-même, elle renonce, en faveur de la Société des nations, au gouvernement de ce territoire (art. 49); et elle transfère à la Commission de gouvernement, qui y représentera la Société des nations, « tous les pouvoirs de gouvernement appartenant antérieurement à l'Empire allemand, à la Prusse et à la Bavière » (§ 19 de l'annexe).

Pour la délimitation du bassin houiller, « le tracé adopté, conclut la note de M. Gallois, donne à peu près satisfaction ». On eût pu quand même désirer une circonscription un peu plus large qui, comprenant, dans la province rhénane, le cercle de Merzig entier, une partie du cercle de Trèves-campagne (canton d'Otzenhausen), le cercle de Sarrelouis, la ville de Sarrebrück, le cercle de Sarrebrück-campagne, le cercle d'Ottweiler, une partie du cercle de Saint-Wendel (cantons d'Altweiler, d'Oberkirchen et de Saint-Wendel); détachant, de la principauté de Birkenfeld, le canton de Nohfelden, et, du Palatinat, le cercle de Saint-Ingbert, le cercle de Deux-Ponts, une partie du cercle de Hombourg (cantons de Hombourg et de Waldmohr); puis, se complétant, dans la partie centrale du Palatinat, par le cercle de Bergzabern, une partie du cercle de Germersheim (moins la partie nord du canton de Germersheim, communes de Friesbach, Germersheim, Lingenfeld, Nieder et Ober-Lustadt, Schwegenheim, Sonderheim, Westheim, Zeiskam), par la ville de Landau, une partie du cercle de Landau-campagne (moins le canton d'Edenkoben), une partie du cercle de Pirmasens (moins le canton de Waldfisch-bach), eût réuni toute l'aire industrielle du bassin et soudé ensemble, sous un seul régime, Sarrelouis, Sar-rebrück et Landau, avec, comme artère principale de l'est à l'ouest, la ligne si importante de Landau à Sar-rebrück par Deux-Ponts. Le tout eût fait 435 371 hec-tares, au lieu de 192 779, et 968 356 habitants, au lieu de 649 507 ; soit un peu moins de l'étendue d'un de nos départements moyens, avec une population presque double. Mais la partie du bassin houiller comprise entre nos deux frontières de 1814 et de 1815 couvrait déjà 65 649 hectares et comptait 355 702 habitants (1).

L'essentiel est que, tel qu'il est délimité à l'article 48 du traité, le bassin de la Sarre puisse vivre, et il le peut. La différence entre ce qui a été obtenu pour lui et ce qu'il avait paru nécessaire de demander n'est pas très grande. A l'ouest, la limite se confond, sur une certaine longueur, avec la frontière de 1814. Au nord-ouest, Merzig et Mettlach tiennent et gardent l'accès de la vallée. La limite fixée n'écorne point au sud, comme on le proposait, la principauté de Birkenfeld ; à l'est, elle est un peu artificielle ; on a lâché Waldmohr, pour reprendre, dans l'angle nord-est, un morceau défini par de hautes cotes. D'ailleurs, Merzig, à l'angle opposé,

(1) Travaux du Comité d'études. — T. Ier. *L'Alsace-Lorraine et la frontière du Nord-Est*. Première partie. — III. *Le bassin houiller de Sarrebrück*, étude économique et politique, par L. Gallois, p. 118-120. — Une circonscription intermédiaire, n'englobant que le bassin houiller et industriel, mais en entier, eût donné 280 000 hectares et 750 000 habitants.

qu'il fallait à tout prix inclure dans le territoire du bassin, méritait bien un sacrifice. Le long de la Bliess, la frontière n'est encore qu'un pointillé; elle ne, deviendra définitive que sur le terrain. Pour rejoindre, au-dessous de Hornbach, la frontière française de 1814 et de 1815, elle décrit une courbe rentrante, un arc de cercle qui laisse en dehors la ville même de Deux-Ponts.

Les trois mines de la Houve, de Sarre-et-Moselle, de Petite-Rosselle se trouvent en deçà de notre frontière de 1815; les neuf mines Kronprinz, Friedrichstahl, Camphausen, Sulzbach, Von der Heydt, Dudweiler, Gerhard, Hostenbach, Fürstenhausen, en deçà de notre frontière de 1814; au delà des deux, il n'y a plus que Göttelborn, Reden, König, Heinitz, Frankenholz, Mittel-Bexbach et Saint-Ingbert. Toutes ces mines sont fiscales à l'exception de Hostenbach, la Houve, Sarre-et-Moselle, Petite Rosselle et Frankenholz (1).

L'idée de réclamer les mines de charbon du bassin de la Sarre, « en compensation des mines de charbon dans le nord de la France », n'a pas été une improvisation. Dès 1917, on avait remarqué que les dommages-intérêts dus par l'Allemagne pour abus de la force, incendies, violences, pillages, déportations, extorsions, contributions arbitraires, destruction ou détérioration des mines, enlèvement des métaux, spoliation des usines, — tous actes interdits par les conventions sur les usages de la guerre adoptées en 1907, — « atteignaient un nombre de milliards tel qu'elle serait hors d'état de s'acquitter en argent. La France, en déduisait-on, pourrait accepter une partie du paiement en nature et, notamment, réclamer sous cette forme l'équi-

---

(1) V. Travaux du Comité d'études, tome Ier, *L'Alsace-Lorraine et la frontière du Nord-Est ; Atlas, planche V. Bassin houiller de Sarrebrück.*

valent des produits extraits des mines françaises.
Appliqué à la région de la Sarre, ce procédé juridique
permettrait d'attribuer à la France l'exploitation des
mines de houille. Pour les mines fiscales, il suffirait
d'un transfert de l'État prussien à l'État français. Si
l'on croit devoir l'étendre aux mines possédées par des
particuliers, on pourra, suivant le précédent créé par
l'Allemagne pour l'acquisition des chemins de fer de
le Compagnie de l'Est en Alsace, exproprier les pro-
priétaires, en déduisant de la dette de l'État prussien
envers la France la somme que cet État devrait verser à
ses nationaux à titre d'indemnité d'expropriation (1). »

Comment cette idée s'est-elle développée au cours
des négociations jusqu'à prendre la forme à laquelle
elle s'est arrêtée dans le Traité ? Il peut n'être pas inu-
tile de l'indiquer rapidement. Une note officieuse expli-
quait, le 8 avril :

« Contrairement à certaines allégations qui ont été
répandues par la presse allemande et reprises par
d'autres journaux étrangers, nous croyons que le Gouvernement français n'émet aucune prétention annexion-
niste, ni déclarée, ni dissimulée, à l'égard d'aucun territoire habité par une population allemande. Cette
remarque s'applique en particulier aux régions com-
prises entre la frontière de 1871 et la frontière de
1814. »

Dès lors, s'esquissait l'orientation de la Conférence,
dans la question du bassin de la Sarre. Le 10, on
annonçait : « Le Conseil des Quatre continuera cet
après-midi à examiner la formule préparée pour le
bassin de la Sarre par le comité composé de MM. André
Tardieu, Headlam Morley et Haskins. Cette formule,

____

(1) V. Travaux du Comité d'Études, séance de clôture. Tome
premier, *l'Alsace-Lorraine et la frontière du Nord-Est.* Observations de M. Ch. Seignobos, et discussion, p. 450.

que les trois membres du comité proposent d'un commun accord, donne, croyons-nous, toute garantie à la France en ce qui concerne l'exploitation des houillères, sans prêter d'ailleurs à aucune équivoque. »

Puis, le 11 avril : « Les deux conférences tenues hier par les quatre chefs de gouvernement ont permis, semble-t-il, de se rapprocher de l'accord sur le statut du bassin de la Sarre. On sait que l'exploitation économique du bassin houiller a été reconnue à la France : d'abord, comme une compensation à la destruction de nos mines du Nord et du Pas-de-Calais ; ensuite, comme gage des paiements que l'Allemagne aura à effectuer à titre de réparations ou d'indemnités. Il a été admis en principe, hier, que la France, outre le droit d'exploiter les puits, posséderait sur cette région certains pouvoirs administratifs. Le bassin de la Sarre constituerait une sorte d'État neutre, comme le Luxembourg, sans lien politique avec l'Allemagne, et sur lequel la France aurait un droit de regard. »

C'est vers ce moment qu'apparaît, dans le bassin de la Sarre, la Société des nations. Le 15 avril, l'esquisse se précise en dessin. Mais il est encore question de l'administrer « avec des forces de police françaises, sous le régime des lois françaises ». Un communiqué le soulignait : « Tout d'abord, il a été décidé que la France aura la propriété des mines du bassin houiller. Pendant une période de quinze ans, le pays de la Sarre, constitué en État indépendant de l'Allemagne, sera administré, avec des forces de police françaises, et sous le régime des lois françaises, par la Société des nations. Celle-ci déléguera ses pouvoirs à un conseil de cinq membres : un désigné par la population locale, un par la France, et trois par la Société des nations. Durant cette période de quinze années, les habitants du nouvel État de la Sarre ne seront assu-

jettis à aucun service militaire et ne paieront d'impôts
que pour leur administration locale. À l'expiration des
quinze ans, le pays de la Sarre décidera de son sort
par un plébiscite. Si le résultat de la consultation était
favorable au rattachement à l'Allemagne, celle-ci pourrait racheter les mines, en versant à la France l'équivalent de leur valeur en or. »

Averti de ce projet, le gouvernement allemand jeta
aussitôt les hauts cris. Le comte Brockdorff-Rantzau,
alors ministre des Affaires étrangères, feignit la stupé-
faction : « Je ne peux pas croire, dit-il, que la note
Havas sur le règlement de la question de la Sarre et
de l'occupation militaire du pays rhénan soit autre
chose qu'un ballon d'essai destiné à établir quelles
exigences l'opinion publique allemande peut supporter. Les clauses concernant le bassin de la Sarre
ne sont pas autre chose qu'une annexion maladroi-
tement voilée. Je ne signerai jamais un traité de
paix contenant ces dispositions, et je sais aussi que,
même si les délégués étaient disposés à le signer,
l'Assemblée nationale allemande rejetterait le traité de
paix.

«... La France a naturellement droit à des dommages-intérêts pour ses mines détruites, et l'Allemagne
est disposée à reconnaître ces dommages et capable de
les supporter. Si, au lieu d'hommes politiques, des
hommes d'affaires expérimentés s'occupaient de régler
cette question, ils trouveraient une voie qui offrirait
certainement à la France une réparation suffisante et
conduirait à la conciliation, au lieu d'une hostilité
durable des deux peuples. Nous sommes prêts à faire
aux délégués français des propositions correspondantes. »

Ce sont ces mêmes protestations qu'on retrouve,
plus acerbes et montées de ton, dans les *Notes* écrites
en mai à Versailles et dans les *Remarques de la Déléga-*

tion allemande sur les conditions de paix. Elles se condensent, pour ainsi dire, et s'achèvent dans la plainte du 29 mai : « On se propose de détacher de l'Empire la région absolument allemande de la Sarre et de préparer l'annexion ultérieure à la France, quoique nous devions à la France du charbon seulement et non pas des hommes (1). »

Une telle plainte, fondée sur ce qu'on aurait mis en balance du charbon et des hommes, devait éveiller quelque part un écho. La comparaison des deux textes successifs du paragraphe 36 de l'annexe montre clairement qu'elle n'est pas demeurée sans effet :

Texte du 7 mai.

Ce premier texte portait comme second et dernier paragraphe :

Si, dans les six mois qui suivront la décision des experts, le prix ci-dessus prévu n'a pas été payé par l'Allemagne, ledit territoire sera acquis à la France.

Texte du 16-28 juin.

Dans ce nouveau texte, le paragraphe ci-dessus est remplacé par les deux paragraphes suivants :

L'obligation de la part de l'Allemagne d'effectuer ce paiement sera prise en considération par la Commission des réparations et, à cette fin, l'Allemagne pourra fournir une première hypothèque sur son capital ou ses revenus de toutes manières qui seront acceptées par la Commission des réparations.

Si, néanmoins, l'Allemagne, un an après la date à laquelle le paiement aurait dû être effectué, n'y a pas satisfait, la Commission des réparations y pourvoira en

_____

(1) *Remarques de la Délégation allemande sur les conditions de paix,* p. 29-31. — *Réponse des Puissances alliées et associées,* p. 9 et 10. — *Notes adressées au Président de la Conférence de la paix par la Délégation allemande,* p. 32, 43, 44, 86.

conformité avec les instructions qui pourront lui être données par la Société des nations, si cela est nécessaire, en liquidant la partie des mines en question.

Plus trace d'acquisition éventuelle du territoire par défaut de paiement : c'est un des « adoucissements » apportés par le texte du 16 juin au texte du 7 mai, et, s'il y en a d'autres, il n'y en a pas de plus sensibles.

Pour ce qui est du régime même du bassin de la Sarre, se pose une sorte de question préalable. Une distinction n'eût-elle pas pu et n'eût-elle pas dû être faite entre la partie du bassin houiller de Sarrebrück située en deçà de la frontière française de 1814 et celle qui est au delà ?

On serait, à première vue, plus satisfait qu'il en eût été ainsi. Mais il faut se rappeler que la donnée de la négociation a été tout de suite : « obtenir les mines de charbon du bassin de la Sarre, en compensation des mines de charbon détruites dans le Nord de la France ; » avec ce corollaire : « maintenir l'unité du bassin houiller », laquelle, du reste, si l'on considère la houille et les industries qu'elle fait vivre, s'étend aux régions contiguës du Luxembourg et de la Lorraine.

Peut-être aussi tous les plénipotentiaires ne se sont-ils pas très exactement représenté ce qui était et ce qui n'était pas dans nos limites de 1814. Il faut reconnaître que la population elle-même ne le sait que vaguement ; la frontière de 1814, à cause du peu de temps qu'elle a vécu, — si l'on peut dire d'une frontière qu'elle vive et de celle-là qu'elle ait vécu, — étant restée comme « théorique », n'ayant jamais été « effective », c'est-à-dire marquée par des bornes sur le terrain, et consacrée par des habitudes. Tout ce qu'il en a subsisté, au moins dans le coin de Sarrelouis, dont chacun sait qu'il était français en 1814 et ne le fut plus à partir de 1815, c'est un bon souvenir du régime français. Le régime international qu'institue le Traité du 28 juin le fera-t-il oublier?

On aurait pu le concevoir, et il semble que, d'abord, on l'avait en effet conçu, moins largement international. Quoi qu'il en soit, le territoire du bassin de la Sarre sera administré par une Commission de gouvernement représentant la Société des nations (1).

Cette Commission se composera de cinq membres, nommés par le Conseil de la Société. Un des cinq membres sera Français, un deuxième habitant et originaire du territoire du bassin, non citoyen français, les trois derniers appartenant à des pays autres que la France et l'Allemagne.

Le président de la Commission de gouvernement, choisi parmi ces cinq membres, par le Conseil de la Société des nations, sera l'agent exécutif de la Commission. Il sera désigné pour un an.

La Commission aura tous les pouvoirs appartenant antérieurement, dans le territoire, à l'Allemagne, à la Prusse et à la Bavière. La triple formule n'est point explétive, car nous ne sommes pas en terre d'Empire, mais en Prusse rhénane et dans le Palatinat bavarois.

Lesdits pouvoirs comprennent notamment : la nomination et la révocation des fonctionnaires, l'administration et l'exploitation de tous les services publics, y compris les chemins de fer et les canaux, la protection

(1) Plusieurs des observations qui vont suivre feront double emploi avec la note de M. Gallois, reproduite ci-dessus. Mais nous avons, malgré cet inconvénient, jugé préférable de grouper ici les principales dispositions qui fixent le régime provisoire du bassin de la Sarre.

Pour les questions relatives à l'exploitation des mines, et en général les clauses économiques, nous nous permettons de renvoyer au rapport de M. Puech; pour les voies de communication, à celui de M. Sibille; et, s'il y a lieu, au titre des réparations et des clauses financières, à celui de M. Louis Dubois.

à l'étranger des intérêts des habitants, la modification éventuelle des lois, l'organisation de la justice, qui sera rendue au nom de la Commission, la levée des taxes et impôts; enfin, les décisions sur toutes questions pouvant résulter de l'interprétation du Traité.

Les habitants conserveront leur nationalité; mais ceux qui désireraient en acquérir une autre pourront le faire sans rien perdre de leurs droits.

Ici, il est permis de rétablir ce qu'une manière de pudeur diplomatique a empêché le texte d'exprimer. « Conserveront leur nationalité », c'est-à-dire : « demeureront Allemands », puisque la nationalité, quant à présent, des habitants du territoire de la Sarre est l'allemande. Mais ils pourront en acquérir une autre, lisons : « pourront devenir Français », car on ne voit guère, même sous le régime de la Société des nations, quelle autre nationalité que la française ils pourraient être enclins à revendiquer.

D'ailleurs, le domaine où peut se mouvoir leur volonté a des bornes. Ils n'auront, au bout de quinze ans, le choix qu'entre trois solutions : maintien du régime international, union à la France, union à l'Allemagne. Ils se prononceront pour l'une, pour l'autre, ou pour la troisième. Le vote aura lieu par commune ou par district (on a vu plus haut la réserve qu'appelle le terme employé : *par district*). Ceux-là seuls prendront part au vote qui habitaient le territoire à la date de la signature du traité (28 juin 1919). La précaution n'était pas superflue, contre la falsification du plébiscite par des immigrations même temporaires, par cette espèce de colonisation à l'intérieur qui est toute l'histoire de la Prusse, et qu'on l'a vue sournoisement ou cyniquement pratiquer en Pologne, en Alsace, etc.

Les habitants, sans distinction de sexe, auront le droit de suffrage pour « les assemblées locales ». Le mot : « locales » les exclut du droit de vote pour le Reichstag allemand. Il les ramène aux assemblées de district ou de cercle et les y enferme. Par lui, ils sont privés de vie politique, de vie d'État, ou du moins ils en seraient absolument privés, si l'on ne voyait poindre un germe d'État du bassin de la Sarre, dans ce fait que la Commission de gouvernement aura « la protection des habitants de ce territoire à l'étranger. » Cet État est donc né internationalement, avant que de naître nationalement. Son existence est subordonnée, son pouvoir de demi-exercice. Il n'aura ni service militaire, ni fortifications ; plus de force de police française, comme dans le premier projet ; pas d'autre force armée qu'une « gendarmerie locale ». Et, planant de haut sur lui, se posant au plus près sur lui par l'intermédiaire de la Commission de gouvernement, la tutelle de la Société des nations.

Que donnera ce régime? La Commission, ayant son siège sur les lieux mêmes, probablement à Sarrebrück, pourra administrer convenablement; mieux, en tout cas, comme la *Réponse des Puissances alliées et associées aux Remarques de la délégation allemande* l'a fait avec raison observer, que le pays n'était administré de Berlin ou de Munich. Trop d'indices font penser que souvent même ses intérêts ont été sacrifiés à d'autres plus immédiatement, plus intimement prussiens. Le succès dépendra en grande partie du choix du commissaire français, du commissaire local, du président de la Commission de gouvernement. Parmi les trois commissaires à désigner, outre le représentant de la France et celui du territoire même du bassin, il n'y aura point d'Allemand ainsi qualifié, et il n'est pas à supposer, *a priori*, que l'habitant de la Sarre sera plus Allemand, ni même aussi Allemand qu'un Allemand.

Du moment que le régime gouvernemental et administratif allemand, prussien ou bavarois est écarté, pendant quinze ans il n'y a pas de question, et il est probable qu'au bout de quinze ans il n'y en aura qu'entre le régime international et le régime français. Mais cela dépend encore en partie des satisfactions que, pour ce qui est de nous, nous contribuerons à apporter au territoire dont nous acquérons les richesses minières, qui va vivre de notre vie économique, et qui entre dans notre système douanier. Il dépend de nous, de nos industriels et de nos fonctionnaires, de ne pas faire regretter les autres, et, au contraire, de nous faire désirer.

Si nous n'avons pas d'histoires dans le bassin de la Sarre, et surtout si nous en assurons la prospérité, si nous donnons au dehors l'impression du travail, de l'ordre et de la force, nous pouvons avec confiance attendre le terme des quinze années de transition et d'essai. Ce délai de quinze ans, on a sagement fait de le prévoir. Les ouvriers de Sarrebrück sont aujourd'hui très travaillés par la Sozialdemokratie allemande ; les gros industriels sont, pour la plupart, pangermanistes. Mais il ne manque pas d'hommes pour contrebattre l'influence des Stumm, des Rœchling, des Bœcking. Ce sont ces hommes, et, entre eux tous, c'est un homme qu'il faut trouver.

ALSACE-LORRAINE

Le Traité dit, en forme solennelle partout ailleurs inusitée :

« Les Hautes Puissances contractantes, ayant reconnu l'obligation morale de réparer le tort fait par l'Allemagne, en 1871, tant au droit de la France qu'à la volonté des populations d'Alsace et de Lorraine, séparées de leur patrie, malgré la protestation solennelle de leurs représentants à l'Assemblée de Bordeaux,

« Sont d'accord sur les articles suivants :

« ART. 51. — Les territoires cédés à l'Allemagne en vertu des préliminaires de paix de Versailles, le 26 février 1871, et du Traité de Francfort du 10 mai 1871, sont réintégrés dans la souveraineté française à dater de l'armistice du 11 novembre 1918.

« Les dispositions des traités portant délimitation de la frontière avant 1871 seront remises en vigueur, etc. »

Nous n'avons qu'à saluer le retour de l'Alsace et de la Lorraine dans la communauté de la patrie française. Il n'y a rien de changé en France, il n'y a que deux millions de Français de plus.

Dans les *Remarques de la Délégation allemande*, M. le comte Brockdorff-Rantzau a osé écrire (1) :

« L'Alsace-Lorraine est, pour la plus grande partie,

(1) *Remarques de la Délégation allemande sur les conditions de paix*, p. 33-34.

un vieux pays allemand qui est devenu, il y a plus de mille ans, une partie de l'ancien empire allemand. Les parties allemandes ont passé, aux dix-septième et dix-huitième siècles, sous la suzeraineté (1) française, principalement par voie de conquêtes, sans consultation de la population et, la plupart du temps, malgré leur résistance déclarée. La domination française aurait bien pu amener l'union politique avec la France, mais elle a si peu affecté les particularités nationales et culturelles des habitants qu'aujourd'hui encore la population est allemande par sa langue et ses mœurs dans les quatre cinquièmes du pays. »

A cette affirmation, qu'il n'est pas excessif de qualifier d'insolente, la *Réponse des Puissances alliées et associées* (2) n'a encore, comme pour la Sarre, historiquement, rien répliqué. Mais il y a plus de deux cents ans qu'un prédécesseur de M. le comte Brockdorff-Rantzau s'est par avance chargé de répondre. En 1709, soixante et un ans seulement après le traité de Münster, le ministre du roi de Prusse, baron de Schmettau, était plus sincère et plus véridique. Le passage a été souvent cité, mais jamais plus utilement qu'il ne le sera ici :

« L'Alsace n'est pas à comparer à la Franche-Comté pour lui être préférée par les Hauts Alliez dans un traité de paix, s'il falloit nécessairement acheter la paix de la France aux dépens de l'Empire et de l'auguste maison d'Autriche, en perdant et cédant l'une ou l'autre de ces deux provinces, afin de continuer le mauvais exemple du traité de paix de Westphalie et de tous ceux qui l'ont suivi, au lieu de les réformer, comme l'on doit, puisque les Hauts Alliez le peuvent.

« Car, outre qu'il est notoire que les habitants de

(1) Nous ne pouvons nous empêcher de relever l'impropriété du mot : « suzeraineté ». Il fallait écrire ou traduire : « souveraineté ».

(2) P. 10 et 11.

l'Alsace sont plus françois que les Parisiens, et que le Roi de France est si sûr de leur affection à son service et à sa gloire, qu'il leur ordonne de se fournir de fusils, de pistolets, de hallebardes, d'épées, de poudre et de plomb, toutes les fois que le bruit court que les Allemands ont dessein de passer le Rhin, et qu'ils courent en foule sur les bords de ce fleuve pour en empêcher, ou du moins disputer le passage à la Nation Germanique, au péril évident de leurs propres vies, comme s'ils alloient au triomphe...

« En sorte que l'Empereur et l'Empire doivent être persuadez qu'en reprenant l'Alsace seule, sans recouvrer la Franche-Comté, ils ne trouveront, pour ainsi dire, qu'un amas de terre morte pour l'Auguste Maison d'Autriche, et qui couvera un brasier d'amour pour la France, et de fervents désirs pour le retour de son règne en ce Païs, auquel ils donneront toujours conseil, faveur, aide et secours dans l'occasion » (1).

Après cela, allons-nous entreprendre, de la paix de Westphalie à la Révolution française, une histoire de la formation ou de la réunion à la France de l'Alsace et de la Lorraine? La pensée nous paraîtrait aussi déplacée, et presque aussi impie, que celle d'entreprendre l'histoire de la formation ou de la réunion de la Normandie et de la Bretagne. Il serait intéressant, au point de vue de la curiosité, d'en suivre le mouvement et d'en jalonner les étapes : réunion de la ville et de

(1) *Mémoire pour la Franche-Comté, à ce qu'il plaise à Sa Majesté Impériale, au Corps de l'Empire et à Leurs Hauts Alliez de délivrer cette Province de la domination française*, présenté par le ministre du roi de Prusse, baron de Schmettau, au Conseiller pensionnaire Heinsius, au prince Eugène et au duc de Marlborough, avec l'épigraphe : *Aut nunc, aut nunquam*, 1709, dans les *Mémoires pour servir à l'Histoire du dix-huitième siècle*, contenant les Négociations, Traitez, Résolutions et autres documents authentiques concernant les affaires d'État, par M. DE LANBERTY, à Amsterdam, chez Pierre Mortier, 1735; t. V, p. 277-286.

l'évêché de Metz ; agrandissements de la province des Trois Evêchés ; assimilation à la France ; guerre de Trente ans et acquisition de l'Alsace ; traité de Münster ; politique de Louis XIV, puis traité des Pyrénées ; traité de Nimègue ; traité de Ryswick ; assimilation de l'Alsace ; réunion et assimilation de la Lorraine à la France ; constitution en départements sous la Révolution ; disparition des enclaves étrangères ; dédition de Mulhouse, fermant par un geste spontané cette épopée de fidélité et d'amour (1). Et la lamentation déchirante des jours tragiques, en 1871, chant bien plus magnifique encore d'amour et de fidélité !

Mais peu importe comment l'Alsace et la Lorraine sont autrefois devenues françaises, à l'heure, attendue un demi-siècle, où elles redeviennent françaises. Ne fît-elle que de nous les rendre, la paix de Versailles serait une paix bénie, et nulle tache n'en saurait obscurcir l'éclat, ni nul défaut, en diminuer la grandeur. Pourtant, même en ce qui touche l'Alsace et la Lorraine, elle a ses lacunes. Nous regrettons qu'elle ne nous restitue pas Landau, et qu'elle ne nous réintroduise à Sarrelouis que par la porte bâtarde de l'exploitation des mines avec une part de gestion sous le contrôle de la Société des nations.

Militairement, Landau n'existe plus. La place est déclassée ; mais on eût porté sur la Queich la ligne qui est sur la Lauter. On eût ainsi renversé le jeu de 1815, qui s'était établi sur Landau et sur Sarrelouis ; au besoin, ils se fussent reliés à travers le canton de Pirmasens, et la frontière nord de l'Alsace en aurait été améliorée. Si, pour nous, ni pour personne, il n'y a plus de question d'Alsace-Lorraine, il restait, avant le

____

(1) TRAVAUX DU COMITÉ D'ÉTUDES, t. Ier, *l'Alsace-Lorraine et la frontière du Nord-Est*. Introduction. *La formation de l'Alsace-Lorraine*, par Ernest LAVISSE et Christian PFISTER, p. 3 à 37. Avec une annexe sur les enclaves réunies en 1793.

28 juin, une question des frontières d'Alsace-Lorraine, plus exactement une question de la frontière nord de la Lorraine. L'Alsace-Lorraine que nous étions en droit de revendiquer, ce n'était pas seulement l'Alsace-Lorraine de 1870, qui n'était plus que l'Alsace-Lorraine de 1815; c'est celle de 1814, qui était à peu près celle de 1792.

La frontière nord de l'Alsace et la frontière nord de la Lorraine, telles au moins qu'elles étaient à la fin de la Monarchie, nous avions le droit de les réclamer en vertu du traité même qui a commencé à nous dépouiller. Ce traité, le traité de Paris du 30 mai 1814, posait, lui aussi, des principes; il avait, lui aussi, un « esprit »; il en affichait un, et c'était que « le royaume de France conserve l'intégrité de ses limites telles qu'elles existaient au 1ᵉʳ janvier 1792 ». Il est vrai qu'à peine avait-il posé ce principe, tout aussitôt il y dérogeait, dès le paragraphe 5 de son article 1ᵉʳ. « Avant le traité de paix de 1814, a écrit quelque part l'admirable historien de l'Alsace, M. Christian Pfister, l'arrondissement de Wissembourg se composait de 10 cantons et de 182 communes. Le canton de Dahn tout entier, moins un village, 23 communes au total lui furent enlevées par le traité de Paris. Restaient 9 cantons et 159 communes. Mais, du département voisin du Mont-Tonnerre, 9 communes demeurèrent à la France et furent rattachées au Bas-Rhin et à l'arrondissement de Wissembourg, qui garda ainsi 9 cantons et 168 communes. » L'Allemagne y gagnait tout le canton de Dahn; « c'était un canton de forêts superbes et un important point stratégique; avec la perte de ce canton, les communications étaient coupées entre Bitche et Landau ». Les Cent-Jours et la défaite définitive de Napoléon Iᵉʳ coûtèrent à l'Alsace française tous les territoires conservés en 1814 entre la Lauter et la Queich, rivière que la frontière de 1814 dépassait même au nord,

par les deux villages de Nussdorf et de Dammheim.
Ces deux communes étaient françaises comme Landau,
dont elles dépendaient de 1648 à 1789. » En résumé :
« La frontière de 1814 n'était pas conforme aux limites
de la France de 1792 : le traité du 30 mai 1814 nous
enlevait le canton de Dahn qui, au dix-huitième siècle,
par suite des conventions entre la France et le prince-
évêque de Spire, faisait partie du royaume de France.
La frontière du 30 novembre 1815 n'était pas conforme
aux limites de la France de 1789 ou 1790, puisqu'à ce
moment nous furent enlevés une série de territoires
entre la Lauter et la Queich qui avaient reconnu, avant
1789, la souveraineté de la France, parmi lesquels la
place de Landau elle-même, française depuis plus d'un
siècle et où le sentiment français devait rester vivace
encore pendant longtemps. »

De même en Lorraine, dans le bassin de la Sarre.
L'article 1er du premier traité de Paris ne se contentait
pas de dire que le royaume de France « conservait »
intégralement ses limites de 1792, il ajoutait que ce
royaume « recevra en outre une augmentation de territoires comprise dans la ligne de démarcation fixée
par l'article suivant ». Quoi que les conventions du
30 mai 1814 nous aient laissé, rendu ou donné, le
deuxième traité de Paris du 20 novembre 1815 nous
enleva, outre le pays de Sarrebrück, la place forte de
Sarrelouis avec la plus grande partie de son canton
(18 communes); le canton de Relling et 34 communes;
plus une commune du canton de Sierck et trois du
canton de Bouzonville. « C'était, a fait observer
M. Vidal de la Blache, la perte de cette ligne de la
Sarre qui, depuis Ryswick, avait été le but des efforts
de notre diplomatie, la mise à néant d'une œuvre de
près de deux siècles. »

L'Alsace et la Lorraine qui nous font retour nous
reviennent donc, non pas amputées, certes, mais

rognées à leurs bords. Mais c'est l'Alsace-Lorraine que la génération de nos pères a connue et que notre génération pleurait. L'Allemagne conserve encore quelques sillons de terre française. Mais enfonçons notre drapeau, avec tendresse et reconnaissance, dans les plaines, sur les montagnes et les rives que nous avons reprises.

CHAPITRE II

FRONTIÈRE MÉRIDIONALE DE L'ALLEMAGNE

4° *AVEC LA SUISSE*

Aucun changement : « La frontière actuelle. »

5° *AVEC L'AUTRICHE*

« La frontière au 3 août 1914 depuis la Suisse jusqu'à la Tchéco-Slovaquie ci-après définie... »

AUTRICHE

La paix avec l'Autriche devant faire l'objet d'un traité spécial, le Traité de Versailles n'envisage que les relations futures de l'Autriche avec l'Allemagne. Il dit :

« Art. 80. — L'Allemagne reconnaît et respectera strictement l'indépendance de l'Autriche, dans les frontières qui seront fixées par Traité, passé entre cet État et les principales Puissances alliées et associées; elle reconnaît que cette indépendance sera inaliénable, si ce n'est du consentement du Conseil de la Société des nations. ».

Le premier texte, celui du 7 mai, portait : « dans les frontières fixées par le présent traité. » Sa rédaction datait du temps où l'on n'avait pas encore arrêté définitivement la procédure, si l'on traiterait avec les quatre Puissances ennemies ensemble ou séparément, et où l'on penchait vers un règlement général opéré d'un seul coup et dans le même acte. La différence n'a qu'un intérêt rétrospectif et, en tout cas, anecdotique.

Mais l'article 80, si bref qu'il soit, est plein de substance et comme gros d'avenir. Dans tout le Traité, il n'en est peut-être pas de plus important, si l'on sait l'interpréter et en user. Il n'a échappé à personne que, pendant les premiers mois qui ont suivi les armistices, la volonté s'est affirmée des deux côtés, en Autriche et en Allemagne, de réunir à la Grande Allemagne l'Autriche dite allemande, et que cette réunion a été annoncée, préparée, prévue à Weimar, jusque dans les projets de constitution.

Si la Conférence ne s'est pas trouvée en face du fait accompli, c'est qu'à la dernière minute, le gouvernement de la République autrichienne a pris peur devant la menace d'être obligé de partager les charges qui allaient s'abattre sur l'Allemagne provocatrice, assaillante et vaincue. Les déclarations du docteur Bauer, ministre des Affaires étrangères d'Autriche, au mois de mars, ne laissent aucun doute à ce sujet. « Le docteur Bauer a dit catégoriquement que l'Autriche n'entendait pas prendre part aux charges qui doivent être imposées à l'Allemagne en conséquence de la guerre sous-marine et des divers dommages causés dans le nord de la France, en Belgique, etc... L'Autriche ne doit supporter financièrement que sa part des charges imposées par le traité de paix aux peuples de l'ancienne Autriche... Il en résulte que l'Autriche allemande ne peut paraître à la Conférence que comme État indépendant et non à la suite de l'Allemagne. »

Mais la pensée n'est point abandonnée. Elle ne l'est ni en Allemagne, ni en Autriche : « L'Allemagne, écrivait M. le comte Brockdorff-Rantzau, dans sa note du 29 mai, demande que le droit de libre disposition soit respecté en Autriche et en Bohême pour toutes les nationalités, y compris les Allemands (1). » Le langage est à peine voilé, et n'est pas du tout ambigu. Au reste, les *Remarques de la Délégation allemande* le confirment avec une franchise presque brutale :

« L'article 80 exige la reconnaissance durable de l'indépendance de l'Autriche dans la limite des frontières établies par le traité de paix entre les gouvernements alliés et associés et l'Allemagne. L'Allemagne n'a jamais eu et n'aura jamais l'intention de modifier *par la violence* (c'est nous qui soulignons, mais il faut souligner, car on aperçoit le *distinguo)* la frontière germano-autrichienne.

« Mais si la population de l'Autriche-Hongrie, qui depuis mille ans est unie de la façon la plus étroite par son histoire et sa culture au pays allemand, désire de nouveau s'unir avec l'Allemagne en un État unique, union qui n'a été détruite qu'à une date toute récente par le sort de la guerre, l'Allemagne ne peut pas s'engager à s'opposer aux vœux de ses frères allemands d'Autriche, puisque le droit de libre disposition des peuples doit être valable dans tous les cas et non pas simplement au désavantage de l'Allemagne.

« Une autre façon de procéder serait en contradiction avec les principes du discours du président Wilson au Congrès le 11 février 1918 (2). »

Les Puissances alliées et associées se sont bornées à

(1) *Notes échangées entre le Président de la Conférence de la paix et la Délégation allemande, du 9 mai au 28 juin 1919;* note 16, 29 mai, de M. le comte Brockdorff-Rantzau, p. 90.

(2) *Remarques de la Délégation allemande sur les conditions de paix,* p. 34-35.

7

répondre qu'elles prennent acte de la déclaration par laquelle l'Allemagne affirme qu'elle « n'a jamais eu et n'aura jamais l'intention de modifier par la violence la frontière germano-autrichienne ». Cette constatation ou, si l'on le veut, ce constat ne suffit pas ; car l'Autriche pourrait se réunir avec l'Allemagne sans que l'Allemagne eût modifié la frontière autrichienne par la violence, ou même sans que cette frontière fût en aucune façon modifiée.

L'article 80 nous rassure. Son texte est général et couvre toutes les hypothèses. La restriction : « par la violence » n'y figure pas. L'indépendance de l'Autriche est reconnue par l'Allemagne « inaliénable, si ce n'est du consentement de la Société des nations ».

L'empire, où le Reich allemand, sort de la guerre avec son unité intacte, sinon renforcée. Tout ce qui s'est passé en Allemagne depuis l'abdication de Guillaume II a tendu à augmenter la densité du bloc allemand. Que l'Allemagne battue se retrouve une Allemagne plus concentrée, c'est une grande épreuve, et peut-être un grave avertissement, pour la politique française. Le moins que nous puissions exiger est du moins que le bloc allemand, accru en densité, n'aille pas, un jour prochain, s'accroître encore en volume. La force de natalité de la race germanique, par rapport à la nôtre, ou à notre volonté de faire naître, accuse chaque année l'écart ; il serait funeste, pour nous, que l'appoint de l'Autriche de langue allemande vînt rendre irréparable une rupture d'équilibre qui n'est déjà que trop périlleuse. La frontière entre l'Autriche et l'Allemagne est un des points sur lesquels ne doit pas faiblir un instant cette vigilance que le gouvernement lui-même proclame être la première condition de la valeur du Traité.

6° *AVEC LA TCHÉCO-SLOVAQUIE*

« La frontière au 3 août 1914 entre l'Allemagne et l'Autriche, depuis son point de rencontre avec l'ancienne limite administrative séparant la Bohême et la province de Haute-Autriche, jusqu'à la pointe nord du saillant de l'ancienne province de Silésie autrichienne, située à 8 kilomètres environ à l'est de Neustadt. »

ÉTAT TCHÉCO-SLOVAQUE

« Art. 81. — L'Allemagne reconnaît, comme l'ont déjà fait les Puissances alliées et associées, la complète indépendance de l'État tchéco-slovaque, qui comprendra le territoire autonome des Ruthènes au sud des Carpathes. Elle déclare agréer les frontières de cet État telles qu'elles seront déterminées par les principales Puissances alliées et associées et les autres États intéressés.

« Art. 82. — La frontière entre l'Allemagne et l'État tchéco-slovaque sera déterminée par l'ancienne frontière entre l'Autriche-Hongrie et l'Empire allemand, telle qu'elle existait au 3 août 1914.

« Art. 83. — L'Allemagne renonce en faveur de l'État tchéco-slovaque à tous ses droits et titres sur la partie du territoire silésien ainsi défini. *(Mais, ici, il convient de mettre en regard le premier et le second texte)* :

Texte du 7 mai.

« L'Allemagne renonce en faveur de l'État tchéco-slovaque à tous droits et titres sur la partie du territoire silésien comprise entre l'ancienne frontière austro-allemande et une ligne à déterminer sur le terrain partant d'un point situé sur le cours de l'Oder, immédiatement au sud de la voie ferrée Ratibor-Oderberg et se dirigeant vers le nord-ouest, en passant à l'ouest de Kranowitz et au sud de Katscher, de façon à rejoindre l'ancienne frontière autrichienne à l'extrémité sud-est de son saillant situé à 5 kilomètres environ à l'ouest de Leobschütz.

Texte des 16-28 juin.

«   .   .   .   .

..... sur la partie du territoire silésien ainsi défini :

Partant d'un point situé à environ 2 kilomètres au sud-est de Katscher, sur la limite entre les cercles *(Kreise)* de Leobschütz et de Ratibor :

La limite entre les deux cercles :

Puis, l'ancienne limite entre l'Allemagne et l'Autriche-Hongrie jusqu'à un point situé sur l'Oder immédiatement au sud de la voie ferrée Ratibor-Oderberg ;

De là, vers le nord-est et jusqu'à un point situé à environ 2 kilomètres au sud-est de Katscher :

Une ligne à déterminer sur le terrain passant à l'ouest de Kranowitz (1).

.   .   .   .

(1) « Une Commission composée de sept membres, dont cinq seront nommés par les Principales Puissances alliées et associées, un par la Pologne et un par l'État tchéco-slovaque, sera constituée quinze jours après la mise en vigueur du présent traité pour fixer sur place la ligne frontière entre la Pologne et l'État tchéco-slovaque. — Les décisions de cette Commission seront prises à la majorité des voix et seront obligatoires pour les parties intéressées. » — Le premier texte portait : « Une Commission composée de *six* membres dont *quatre* seront nommés par les Principales Puissances.., »

Texte du 7 mai.

(Le paragraphe ci-dessous n'existait pas dans le texte du 7 mai; il a été ajouté dans le texte définitif.)

Texte des 16-28 juin.

L'Allemagne déclare dès à présent renoncer, en faveur de l'État tchéco-slovaque, à tous ses droits et titres sur la partie du cercle *(Kreis)* de Leobschütz comprise dans les limites ci-après, au cas où, à la suite de la fixation de la frontière de l'Allemagne et la Pologne, ladite partie du cercle se trouverait isolée de l'Allemagne :

Partant de l'extrémité sud-est du saillant de l'ancienne frontière autrichienne située à 5 kilomètres environ à l'ouest de Leobschütz, vers le sud, et jusqu'au point de rencontre avec la limite entre les cercles *(Kreise)* de Leobschütz et de Ratibor :

L'ancienne frontière entre l'Allemagne et l'Autriche-Hongrie ;

Puis, vers le nord, la limite administrative entre les cercles *(Kreise)* de Leobschütz et de Ratibor jusqu'à un point situé à environ 2 kilomètres au sud-est de Katscher;

De là, vers le nord-ouest, et jusqu'au point de départ de cette définition :

Une ligne à déterminer sur le terrain passant à l'est de Katscher.

La différence entre les deux délimitations, sinon entre les deux textes, n'apparaît pas très nettement au premier abord. Elle ne serait rendue saisissable que par un croquis qui montrerait, en gros, que le texte du 28 juin fait deux parties de ce dont celui du 7 mai avait fait un tout. La première partie est dès maintenant cédée par l'Allemagne à l'État tchéco-slovaque; la seconde ne sera jointe à cet État que si, « à la suite de la fixation de la frontière entre l'Allemagne et la Pologne », la partie définie du cercle de Leosbschütz « se trouvait isolée de l'Allemagne ». La première question est résolue; la deuxième reste en suspens. Sur la carte, la nuance se marquerait non seulement par un pointillé, mais par une ligne interrompue.

La Tchéco-Slovaquie se compose essentiellement, pour la première partie tchèque, des deux provinces de Bohême et de Moravie (1).

A. — Bohême.

En ce qui concerne les frontières du nouvel État avec l'Allemagne, le secteur septentrional, qui s'étend du Keilberg aux *Lausitzer-Gebirge* (monts de Lusace), est principalement constitué par la chaîne des Monts Métalliques *(Erz-Gebirge)* dont la plus haute altitude ne dépasse pas 1.200 mètres. C'est la ligne de partage des eaux entre l'Elbe supérieure et l'Elbe moyenne. C'est aussi la seule limite qu'il soit possible d'établir entre la Bohême et la Saxe. Bien que le versant bohémien de ces monts et leur pied soient occupés par une population allemande en majorité ou mixte, il était impossible de priver l'État tchéco-slovaque de la seule frontière naturelle qu'il puisse avoir au Nord. Toutefois on avait envisagé que le saillant formé par le district d'Asch, au delà de cette frontière naturelle, étant habité par une population en majorité allemande, pourrait être cédé en échange des territoires réclamés pour améliorer la frontière orientale. C'était la seule rectification acceptable de ce côté. (A la vérité, il y avait une difficulté : c'est que le territoire d'Asch devait le plus logiquement être cédé à la Bavière, tandis que les territoires silésiens devaient être enlevés à la Prusse.)

(1) TRAVAUX DU COMITÉ D'ÉTUDES. *Les frontières de l'État tchécoslovaque,* par M. J.-E. PICHON.

Le *secteur oriental* se présente en effet moins favorablement, et il eût semblé nécessaire de réincorporer
certains territoires silésiens à l'État tchéco-slovaque
pour arriver à lui constituer une bonne frontière. La
frontière prussienne enfonce en Bohême un saillant
extrêmement dangereux, celui de Glatz. C'est là, on le
sait, que la Prusse avait concentré les forces qui, en
1866, envahirent la Bohême. Le rectangle que circons-
crivent les monts du Falken-Gebirge et de l'Heusche-
Gebirge au nord, l'Adler-Gebirge à l'ouest, le Glatzer
Schnee-Gebirge au sud, et les monts de l'Eulen-Gebirge
et du Reichensteiner-Gebirge à l'est, est une véritable
place d'armes allemande qui, avec sa redoutable forteresse de Glatz, ses routes et ses chemins de fer stratégiques, menace à la fois la Bohême (par Nachod) et la
Moravie (en direction d'Olomouc [Olmütz] par Grü-
lich). Les Tchèques, on le comprend, auraient désiré
supprimer cette menace en faisant passer la frontière
au delà de Glatz, par la crête des Eulen-Gebirge
(Jilové Hory) et du Reichensteiner-Gebirge. Ainsi fût
rentré en Bohême le comté de Glatz qui jadis dépendait
du royaume. Des Allemands, par là, auraient été
annexés, mais on eût récupéré un certain nombre de
Tchèques (20 000, disent les Tchèques), les limites linguistiques de la région tchèque de Nachod débordant
fortement les frontières de la Bohême.

Par compensation, la frontière de la Bohême présente un saillant peuplé en majorité d'Allemands et
dépassant les limites naturelles formées ici par l'Iser-
Gebirge et le Riesen-Gebirge. Les Tchèques auraient
vraisemblablement consenti à l'abandonner.

Il est permis de regretter, pour la sécurité de la
Tchéco-Slovaquie et peut-être pour la paix de l'Europe,
que, d'une manière ou de l'autre, la Prusse n'ait pas
été exclue du quadrilatère de Glatz, mais nous aurons
l'occasion de nous en expliquer.

B. — Moravie.

Les frontières de la Moravie exigeaient des remaniements plus considérables que celles de la Bohême. Les limites de l'ancien margraviat sont, elles aussi, déterminées par un système orographique : celui du bassin de la Morava *(March)* qui a donné son nom à la région. Au nord-ouest, pourtant, ce système orographique se mêle assez étroitement à celui de l'Oder supérieur, dont une faible ligne de partage des eaux le sépare à peine.

Du côté de la Silésie, la frontière morave s'appuie au nord sur les pentes méridionales des Reichensteiner-Gebirge et du Jesenik (Gesenke) jusqu'à l'Oder. Elle enfonçait ensuite dans la Silésie le coin d'Ostrava (Ostrau) qui coupait en deux ce qui restait de la Silésie dite autrichienne, que d'autres disent « de Bohême ». De cette façon, la région industrielle se trouvait séparée en deux tronçons : l'un morave (Ostrava), l'autre silésien (Opava-Troppau) et Tesin (Teschen). Le tronçon d'Ostrava possède des hauts fourneaux et des usines métallurgiques, qu'alimentent les mines de houille d'Opava et de Tesin. En vue de remédier à cet état de choses qui, si l'on séparait définitivement ces deux tronçons, ruinerait absolument la région métallurgique, les Tchéco-Slovaques demandaient que certains territoires de la Silésie fussent reliés à leur État. Ils revendiquaient en premier lieu une partie du cercle de Ratibor. Jadis entièrement tchèque, cette partie de la Silésie garde encore, malgré plus d'un siècle et demi de germanisation, son caractère ethnique, si bien qu'en 1905 les Allemands eux-mêmes trouvaient dans la population 43 pour 100 de Tchèques, ou plus exactement de Moraves. A côté d'Allemands (9 pour 100), d'autres Slaves, qui se dénomment eux-mêmes Silésiens et parlent un dialecte de transition entre le tchèque et le polonais, sont, par la statistique allemande, enregistrés comme Polonais.

La seconde revendication des Tchéco-Slovaques portait sur la Silésie autrichienne. Nous la retrouverons dans le traité avec l'Autriche.

C. — Allemands de Bohême et de Moravie.

L'article 84 règle la question de la nationalité des ressortissants allemands établis sur l'un quelconque des territoires attribués à l'État tchéco-slovaque; et il est d'une très grande importance, à cause du nombre élevé d'Allemands qui habitent notamment la ceinture montagneuse, nombre évalué à 2 467 724 en Bohême, 739 859 en Moravie. Mais, sur ce chiffre de 2 467 724, 503 592 Allemands se trouvent en Bohême, disséminés parmi les Tchèques, ou réunis en petits îlots séparés, les 1 964 132 autres sont répartis en quatre groupes inégaux. Le premier groupe, sur les pentes des Monts Métalliques (Erz-Gebirge) et de la Forêt de Bohême (Böhmerwald), ou dans la haute vallée de l'Ohre (Eger), compte 861 637 Allemands, répartis dans 19 districts administratifs où la proportion des habitants de langue allemande va de 100 pour 100 à moins de 85 pour 100.

Deux districts mixtes, les districts miniers de Most (Brüx) — 75 342 Allemands contre 25 056 Tchèques — et de Duchcov (Dux) — 64 572 Allemands contre 21 410 Tchèques — séparent ce premier groupe allemand du second, situé au nord-est, qui s'étend entre l'extrémité orientale des Monts Métalliques et la partie septentrionale des Monts des Géants. Il comprend 13 districts, où la proportion des Allemands varie entre 99 pour 100 et 79 pour 100, et compte 855 301 Allemands et 54 499 Tchèques.

Le troisième groupe, qui habite la partie centrale des Monts des Géants, est moins nombreux. Il ne se compose que de trois districts comptant 151 193 Allemands, à côté de 34 106 Tchèques. Le dernier groupe se trouve, au sud-ouest, à l'extrémité de la Forêt de Bohême. Il est formé de deux districts seulement, où les Allemands, au nombre de 96 001 contre 18 577 Tchèques, atteignent respectivement 74 pour 100 et 94 pour 100.

En Moravie non plus, les Allemands ne forment pas une masse compacte : 357 996 sont disséminés, 381 863 répartis en trois groupes séparés. Le premier dans le district de Moravska Trébova (Mährisch Trübau) : 58 289 Allemands et 21 533 Tchèques.

Le deuxième, plus important, longe au nord-est les frontières de la Silésie. Dans ces quatre districts, on compte 174 073 Allemands contre 25 713 Tchèques. Les proportions par district sont 85 pour 100, 99 pour 100, 77 pour 100 et 99 pour 100.

A l'est, contigu au district silésien d'Opava (Troppau), se trouve le district de Novy-Sicin (Neutitschein) qui renferme 44 813 Allemands contre 39 554 Tchèques, soit 53 pour 100 d'Allemands.

Au sud, enfin, aux anciennes frontières de l'Autriche, est appuyé le groupe formé par les deux districts de Znojno (Znaïm, 76 pour 100) et de Mikulov (Nikolsburg, 96 pour 100) = 104 688 Allemands et 18 661 Tchèques (1).

Dans ces différents groupes, soit de Bohême, soit de Moravie, il n'est pas douteux que les Allemands ne soient en forte majorité; il ne faut pourtant pas s'en rapporter aveuglément, quant à l'importance même de cette majorité, à des statistiques dont la fantaisie ten-

____

(1) TRAVAUX DU COMITÉ D'ÉTUDES. — *Les Allemands de Bohême et de Moravie,* par M. J.-E. PICHON.

dancieuse dépasse tout ce qu'on peut imaginer. La base des statistiques, depuis 1880, est la langue : en Autriche, la langue dite « usuelle », en Hongrie, dite « maternelle ». On ne compte en Cisleithanie que les sujets de l'État autrichien, etc. (1).

Trois hypothèses pouvaient s'offrir : réunion à l'Autriche allemande; réunion à l'Allemagne même; État autonome des Allemands de Bohême et de Moravie.

La Bohême est une unité géographique. Elle est défendue par ses montagnes et séparée par elles de l'Allemagne et de l'Autriche. Elle est aussi une unité économique, dans les deux sources de sa richesse, l'industrie et l'agriculture. De plus, des considérations stratégiques s'opposent irréductiblement à l'annexion des Allemands de Bohême à l'Allemagne. « Annexer le soi-disant Deutschböhmen à l'Allemagne serait introduire l'ennemi dans la place et lui permettre, quand il le voudrait, de s'emparer militairement et économiquement de tout le pays. »

Le traité ne le fait pas. Pas davantage il n'érige les Allemands de Bohême en un État autonome. En revanche, il leur assure, pendant un délai de deux ans, la faculté d'option (art. 85) et leur garantit comme minorité le respect de leurs droits, « en agréant l'insertion, dans un traité avec les principales Puissances alliées et associées, des dispositions que ces Puissances jugeront nécessaires pour protéger en Tchéco-Slovaquie les intérêts des habitants qui diffèrent de la majorité de la population par la race, la langue ou la religion ».

Il était impossible de demander plus à un État souverain.

---

(1) Travaux du Comité d'Études. — *Le Recensement des populations en Autriche-Hongrie*, par M. J.-E. Pichon.

D. — « Le territoire autonome des Ruthènes au sud des Carpathes. »

Cette expression de l'article 81 était faite pour étonner quiconque a pu voir de quelle « autonomie » pouvait jouir un territoire quelconque, non magyar, dans l'État hongrois. Pour l'éclaircir, nous avons consulté un des hommes qui sont le plus renseignés sur les affaires de l'Europe centrale et orientale. Voici ce qu'il a bien voulu nous répondre :

« Il m'est assez difficile de vous dire d'une façon précise ce qui a décidé l'annexion des Ruthènes du sud des Carpathes à la Tchéco-Slovaquie.

« Je crois qu'on s'est trouvé devant un pays dont on ne savait que faire. On a prétendu que ces Ruthènes ne voulaient pas être Polonais. Étant sur le versant sud des Carpathes, on a pu penser que leurs relations économiques naturelles étaient plutôt avec la Hongrie ou avec la Transylvanie. Mais on ne voulait les donner ni à la Roumanie, ni à la Hongrie. Comme il s'agissait d'un petit territoire, de populations peu cultivées, incapables de former un État indépendant, on s'est décidé à les donner aux Tchéco-Slovaques... On a fait valoir que cette décision assurait le contact entre la Tchéco-Slovaquie et la Roumanie.

« D'après ce que je sais, ce pays, compris entre la crête principale des Carpathes et le cours supérieur de la Tisza, correspondant aux comitats du nord-est de la Hongrie (Marmaros et comitats voisins), est habité en grande majorité par des Ruthènes (75 à 80 pour 100 au moins). Il y a pas mal de Juifs, venus de Galicie, parlant allemand et recensés comme Allemands par les Hongrois, quelques Hongrois (très peu), quelques Roumains le long de la Tisza (bien que, d'une façon générale, la   soit bien la frontière ethnique des

Roumains et des Ruthènes). Les Ruthènes sont une population très peu avancée, ceux-ci encore plus primitifs que ceux de Galicie. Rien de plus misérable que leurs villages des Carpathes.

« Au point de vue historique, le territoire en question a toujours, si mes souvenirs sont exacts, été rattaché à la Hongrie ou du moins a suivi le sort de la Hongrie.

« La solution ne me semble pas plus mauvaise qu'une autre. Il était difficile de donner ce pays à la Pologne ou à l'Ukraine ou à la Russie, enfin à toute puissance du versant nord des Carpathes. Il n'aurait pas été choquant de le donner à la Roumanie. Mais on pouvait trouver plus naturel de suivre l'affinité slave (1). »

Et, à tout prendre, en se fixant à cette solution, on était sûr de ne pas s'éloigner d'une de celles que ces Ruthènes auraient prises, s'ils avaient usé de leur droit, proclamé dans les principes du Président Wilson, de « disposer librement d'eux-mêmes ».

____

(1) Lettre de M. Emmanuel de Martonne, professeur à la Faculté des Lettres de l'Université de Paris, 15 juillet 1919.

CHAPITRE III

7° *AVEC LA POLOGNE*

C'est cette frontière qui, de toutes, a été la plus contestée, et celle qui, du 7 mai au 16 juin, a le plus varié. Là encore, là surtout, il faut placer, l'un en regard de l'autre, les deux textes :

Texte du 7 mai.

Du point ci-dessus défini vers le nord (1) et jusqu'au sommet du saillant de la limite est de Falkenberg, situé à trois kilomètres environ à l'est de Puschine :

Une ligne, à déterminer sur le terrain, passant à l'est de Zülz;

De là, la limite est du cercle de Falkenberg, puis la limite entre la haute et la moyenne Silésie, la frontière ouest de Posnanie, jusqu'à la Bartsch, puis le cours de cette rivière vers l'aval, puis la limite entre les cercles de Guhrau et de Glogau vers le nord, puis la limite de Posnanie vers le nord-est jusqu'à son point de rencontre avec la limite entre les cercles de Lissa et de Fraustadt;

Texte des 16-28 juin.

Du point ci-dessus défini (2), et jusqu'à un point à fixer sur le terrain à environ deux kilomètres à l'est de Lorzendorf :

(1) Huit kilomètres est de Neustadt.
(2) *Ibid.*

La frontière telle qu'elle sera définie conformément à l'article 88 du présent traité;

De là, vers le nord et jusqu'au point où la limite administrative de la Posnanie coupe la rivière Bartsch;

Une ligne à déterminer sur le terrain, laissant à la Pologne les localités de : Skorischau, Reichthal, Trembatschau, Kunzendorf, Schleise, Gross Kosel, Schreibersdorf, Rippin, Fürstlich-Niefken, Pawelau, Tscheschen, Konradau, Johannisdorf, Modzenowe, Bogdaj; et à l'Allemagne les localités de : Lorzendorf, Kaulwitz, Glausche, Dalbersdorf, Reesewitz, Stradam, Gross Wartenberg, Kraschen, Neu Mittelwalde, Domaslawitz, Wedelsdorf, Tscheschen Hammer;

De là, vers le nord-ouest, la limite administrative de Posnanie jusqu'au point où elle coupe la ligne de chemin de fer Rawitsch-Herrnstadt;

De là, et jusqu'au point où la limite administrative de Posnanie coupe la route Reisen-Tschirnau;

Une ligne à déterminer sur le terrain, passant à l'ouest de Triebusch et Gabel et à l'est de Saborwitz;

De là, la limite administrative de Posnanie jusqu'à son point de rencontre avec la limite administrative orientale du cercle (*Kreis*) de Fraustadt;

Quatre alinéas sans autre changement que des corrections de forme, jusqu'à « une ligne, à déterminer sur le terrain, passant à l'est de Betsche », puis :

Texte du 7 mai.

De là, et vers le nord, la limite séparant les cercles de Schwerin et de Birnbaum, puis, vers l'est, la limite nord du gouvernement de Posen, puis, vers le nord-est, la limite entre les cercles de Filehne et Czarnikau, puis le cours de la Netze vers l'amont, puis, vers le nord, la limite est du cercle de Czarnikau jusqu'à son point de rencontre avec la limite nord de la Posnanie;

De là, vers le nord-est et jusqu'à un point de la frontière de Posnanie situé à l'extrémité du saillant à cinq kilomètres environ ouest-nord-ouest de Schneidemühl;

Une ligne à déterminer sur le terrain ;

De là, la frontière de Posnanie jusqu'à son point de rencontre avec la limite entre les cercles de Flatow et de Deutschkrone ;

De là, vers le nord-est et jusqu'à la côte 205 (environ cinq kilomètres à l'ouest-nord-ouest de Konitz) :

Une ligne à déterminer sur le terrain à peu près parallèlement à la voie ferrée Schneidemühl-Konitz et à environ huit kilomètres à l'ouest de celle-ci et passant à l'ouest des localités de Annafeld, Gresonne, Friedland, Steinborn, Jenznik, Niesewanz et à l'est des localités de Sakollno, Wengerz, Gursen, Radawnitz, Lanken, Damnitz, Schlochau, tout en laissant en territoire allemand le chemin de fer Hammerstein-Schlochau-Preschlau, Lichtenhagen, Richnau ;

De là, vers le nord, la limite entre les cercles de Konitz et de Schlochau, puis la limite de la Prusse occidentale jusqu'à l'extrémité septentrionale du saillant à environ huit kilomètres sud-est de Baüenburg ;

De là, vers le nord et jusqu'à la mer Baltique :

Une ligne à déterminer sur le terrain passant à l'est des villages de Hohenfelde, Saulin, Chottschow, suivant la ligne médiane des lacs situés à l'est de ces localités et passant par la côte 32 à environ cinq kilomètres nord-nord-ouest d'Ossecken.

Texte des 16-28 juin.

De là, et vers le nord, la limite séparant les cercles *(Kreise)* de Schwerin et de Birnbaum, puis, vers l'est, la limite nord de la Posnanie jusqu'au point où cette ligne occupe la rivière Netze ;

De là, vers l'amont et jusqu'à son confluent avec le Küddew :

Le cours de la Netze ;

De là, vers l'amont et jusqu'en un point à choisir à environ six kilomètres au sud-est de Schneidemühl :

Le cours du Küddow ;

De là, vers le nord-est jusqu'à la pointe la plus méridionale du rentrant formé par la limite nord de la Posnanie à environ cinq kilomètres à l'ouest de Stahren :

Une ligne à déterminer sur le terrain laissant dans cette région la voie ferrée de Schneidemühl-Konitz entièrement en territoire allemand;

De là, la limite de Posnanie vers le nord-est jusqu'au sommet du saillant qu'elle forme à environ quinze kilomètres à l'est de Flatow;

De là, vers le nord-est jusqu'au point où la rivière Kamionka rencontre la limite méridionale du cercle *(Kreis)* de Konitz à environ trois kilomètres au nord-est de Grunau :

Une ligne à déterminer sur le terrain laissant à la Pologne les localités suivantes : Jasdrowo, Gr. Lutau, Kl. Lutau, Wittkau et à l'Allemagne les localités suivantes : Gr. Butzig, Cziskowo, Battrow, Böck, Grunau;

De là, vers le nord, la limite entre les cercles *(Kreise)* de Konitz et de Schlochau jusqu'au point où cette limite coupe la rivière Brahe;

De là, jusqu'à un point de la limite de Poméranie situé à 15 kilomètres à l'est de Rummelsburg :

Une ligne à déterminer sur le terrain laissant les localités suivantes en Pologne : Konarzin, Kelpin, Adl Briesen, et à l'Allemagne les localités suivantes : Sampohl, Neuguth, Steinfort, Gr. Peterkau;

De là, vers l'est, la limite de Poméranie, jusqu'à sa rencontre avec la limite entre les cercles *(Kreise)* de Konitz et de Schlochau;

De là, vers le nord, la limite entre la Poméranie et la Prusse occidentale jusqu'au point sur la rivière Rheda (à environ trois kilomètres nord-ouest de Gohra) où cette rivière reçoit un affluent venant du nord-ouest;

De là, et jusqu'au coude de la rivière Piasnitz à environ un kilomètre et demi au nord-ouest de Warschkau :

Une ligne à déterminer sur le terrain;

De là, le cours de la rivière Piasnitz vers l'aval, puis la ligne médiane du lac de Zarnowitz et, enfin, la limite de la Prusse occidentale jusqu'à la mer Baltique.

POLOGNE

L'article 87 (partie III, section VIII) a subi, lui aussi, entre le 7 mai et le 28 juin, des modifications correspondantes à celles de l'article 27 (partie II). Il débute ainsi :

« L'Allemagne reconnaît, comme l'ont déjà fait les Puissances alliées et associées, la complète indépendance de la Pologne et renonce, en faveur de la Pologne, à tous droits et titres sur les territoires limités par la mer Baltique, la frontière orientale d'Allemagne déterminée comme il est dit à l'article 27 de la partie II (frontières de l'Allemagne) du présent Traité... »

A partir d'ici, deux leçons :

Texte du 7 mai.

... La frontière de l'État tchéco-slovaque depuis un point situé à 8 kilomètres à l'est de Neustadt jusqu'à sa rencontre avec l'ancienne frontière de l'Allemagne et de l'Autriche-Hongrie, puis cette dernière frontière jusqu'au point où les anciennes frontières d'Allemagne, d'Autriche et de Russie se rencontraient, l'ancienne frontière entre l'Allemagne et la Russie jusqu'au point, etc. (Le reste du paragraphe sans changement.)

Texte des 16-28 juin.

... jusqu'à un point situé à 2 kilomètres environ à l'est de Lorzendorf, puis une ligne allant rejoindre l'angle aigu que la limite nord de la Haute-Silésie forme à environ 3 kilomètres nord-ouest de Simmenau, puis la limite de la Haute-Silésie jusqu'à sa rencontre avec l'ancienne frontière entre l'Allemagne et la Russie, puis cette frontière jusqu'au point..., etc...

Les paragraphes 2 et 3 sont demeurés sans changement.

Les quatrième et cinquième alinéas formaient, dans le premier texte, l'ancien article 88. On les a joints à l'article 87, afin de pouvoir introduire le nouvel article 88, sans changer le numérotage des articles suivants.

Cet article nouveau introduit dans les clauses relatives à la Pologne une idée nouvelle. Il soumet au plébiscite, alors que d'abord on n'y avait pas songé, une partie de la Haute-Silésie dont la carte annexée au Traité permet d'apprécier l'importance : huit ou dix divisions administratives, de différents ordres : Kreuzburg, Rosenberg, Oppeln, Lublinitz, Gr. Strehlitz, Tarnowitz, Kosel, Gleiwitz, Beuthen, Kattowitz, Leobschütz, Ratibor, en tout ou en partie, avec des centres de population de 10 000 à 25 000, de 25 000 à 50 000, et même de 50 000 à 100 000 habitants (1).

On a vu, en son lieu, comment l'État tchéco-slovaque est intéressé aux résultats du plébiscite qui décidera entre l'Allemagne et la Pologne dans ces deux derniers cercles de Leobschütz et de Ratibor. (*Rapprocher, plus haut, p. 72, l'article 83.*)

L'annexe qui suit est également, dans le texte du 18 juin, une nouveauté, également introduite à cause du plébiscite, dont elle règle les conditions.

« La zone du plébiscite sera immédiatement placée sous l'autorité d'une Commission internationale de quatre membres désignés par les États-Unis d'Amérique, la France, l'Empire britannique et l'Italie. » Évacuée, dès la mise en vigueur du traité et dans un délai qui ne devra pas dépasser quinze jours, par les troupes et les autorités allemandes (paragraphe 1),

---

(1) Voir la définition de la zone soumise au plébiscite, à l'article 88 du Traité, p. 51.

« elle sera occupée par les troupes des Puissances alliées et associées. Le gouvernement allemand s'engage à faciliter le transport de ces troupes en Haute-Silésie (paragr. 2).

« La Commission jouira de tous les pouvoirs exercés par le gouvernement allemand ou le gouvernement prussien, sauf en matière de législation ou d'impôts. Elle sera, en outre, substituée au gouvernement de la province ou de la régence (*Regierungsbezirk*). Il sera de la compétence de la Commission d'interpréter elle-même les pouvoirs qui lui sont conférés par les présentes dispositions... » Ces pouvoirs sont donc des plus étendus. En ce qui touche le plébiscite même, « elle prendra toutes les mesures propres à assurer la liberté, la sincérité et le secret du vote. Elle pourra notamment prononcer l'expulsion de toute personne qui aura, d'une façon quelconque, tenté de fausser le résultat du plébiscite par des manœuvres de corruption ou d'intimidation » (paragr. 3).

L'article 89 est beaucoup plus explicite, beaucoup plus large dans le texte du 28 juin que dans celui du 7 mai.

Texte du 7 mai.

« La Pologne s'engage à accorder aux personnes et moyens de transport, de quelque nationalité qu'ils soient, en provenance ou à destination de la Prusse orientale, les mêmes droits de transit à travers les territoires polonais situés entre la Prusse orientale et l'Allemagne qu'à ses nationaux. »

Texte des 16-28 juin.

La Pologne s'engage à accorder la liberté de transit aux personnes, marchandises, navires, bateaux, wagons et services postaux en transit entre la Prusse orientale et le reste de l'Allemagne, à travers le territoire polonais, y compris les eaux territoriales, et à les traiter, en ce qui regarde les facilités, restrictions et toutes autres matières, au moins aussi favorablement que les personnes, marchandises, navires, bateaux, wagons et services postaux de nationalité, origine, importation, propriété ou point de départ, soit polonais, soit jouissant d'un traitement plus favorable que le traitement national polonais.

Les marchandises en transit seront exemptés de tous droits de douane ou autres droits analogues.

La liberté du transit s'étendra aux services télégraphiques et téléphoniques dans les conditions fixées par les conventions prévues à l'article 98.

L'article 90 est entièrement nouveau :

« La Pologne s'engage à autoriser, pendant une période de quinze ans, l'exportation en Allemagne des produits des mines de toute partie de la Haute-Silésie transférée à la Pologne en vertu du présent traité.

Ces produits seront exonérés de tous droits d'exportation ou de toute autre charge ou restriction imposée à leur exportation.

Elle s'engage également à prendre toutes les mesures qui pourraient être nécessaires pour que la vente aux acheteurs en Allemagne des produits disponibles de ces mines puisse s'effectuer dans des conditions aussi favorables que la vente de produits similaires vendus dans des circonstances analogues aux acheteurs en Pologne ou en tout autre pays. »

Dans le premier alinéa de l'article 91, qui, avec le paragraphe suivant, formait l'ancien article 90 du texte du 7 mai, a été glissé l'adverbe « définitivement », commandé, ainsi que les autres changements, par l'introduction du plébiscite : « sur les territoires reconnus comme faisant définitivement partie de la Pologne ».

Le dernier alinéa du même article, pour la même raison et dans le même sens, a été ajouté : « Dans la partie de la Haute-Silésie soumise au plébiscite, les dispositions du présent article n'entreront en vigueur qu'à partir de l'attribution définitive de ce territoire ».

ART. 92. — A été ajouté au texte du 7 mai le paragraphe 2 :

« Dans tous les territoires de l'Allemagne transférés en vertu du présent Traité et reconnus comme faisant définitivement partie de la Pologne, les biens, droits et intérêts des ressortissants allemands ne devront être liquidés, par application de l'article 297, par le Gouvernement polonais que conformément aux dispositions suivantes :

1° Le produit de la liquidation devra être payé directement à l'ayant droit;

2° Au cas où ce dernier établirait devant le tribunal arbitral mixte prévu par la section VI de la partie X (Clauses économiques) du présent Traité, ou devant un arbitre désigné par ce tribunal, que les conditions de la vente ou que des mesures prises par le Gouvernement polonais, en dehors de sa législation générale, ont été injustement préjudiciables au prix, le tribunal ou l'arbitre aura la faculté d'accorder à l'ayant droit une indemnité équitable, qui devra être payée par le Gouvernement polonais ».

Le règlement de la question polonaise a été très laborieux. Sur aucun autre point le premier projet n'avait touché plus au vif la sensibilité intéressée de la Délégation allemande. M. de Brockdorff-Rantzau disait dans sa note du 29 mai : « On nous demande de renoncer à la Haute-Silésie en faveur de la Pologne et de la Tchéco-Slovaquie, bien qu'elle soit étroitement rattachée à l'Allemagne par des liens politiques depuis plus de sept cent cinquante ans, qu'elle soit imbue de vie allemande et qu'elle constitue la base de l'industrie dans toute l'Allemagne orientale (1). »

____

(1) A la vérité, la traduction française force un peu. Le texte

Les *Remarques* de la Délégation allemande enchérissent singulièrement, et elles y mettent autant de violence que d'astuce. Elles commencent par faire une concession : « L'Allemagne a déclaré qu'elle était d'accord pour fonder un État polonais indépendant qui comprendrait les territoires habités par une population indiscutablement polonaise. » Mais ce n'est qu'une apparence, car c'est toujours le jeu sur le mot « indubitablement », extrait par cautèle des paroles de M. Wilson et effrontément exploité. S'il faut qu'une population soit « indiscutablement » polonaise pour être restituée à la Pologne, quelle population lui sera restituée, et laquelle, pour la chicanière Allemagne, pourrait se vanter d'être *indiscutablement* ce qu'elle est?

Ce ne sont pas les provinces prussiennes de la Prusse orientale et occidentale, de la Posnanie, de la Poméranie et de la Silésie, « dont l'État polonais se voit attribuer des fractions plus ou moins importantes. Elles ne sont pas indiscutablement habitées par une population polonaise ». Sans souci de l'ethnographie ni de la démographie, « on décerne à la Pologne de nombreuses villes allemandes, de grandes étendues de territoire purement allemands », uniquement pour lui « donner des frontières militaires favorables ou des nœuds de voies ferrées importants ». Sans distinction, on concède à la Pologne des territoires qui en ont été détachés à diverses périodes et sur lesquels elle n'a même jamais exercé de domination. » Bien plus : « En sanctionnant la réglementation proposée, on ferait violence, à de grandes portions de territoires incontestablement allemands. » On crée ainsi ou l'on perpétue

allemand ne dit pas que la Haute-Silésie est « rattachée à l'Allemagne » depuis plus de sept cent cinquante ans, mais qu'elle est « en union politique étroite avec elle : *in enger politischer Verbindung.* » *Notes de la Délégation allemande.* p. 85.

des éléments « qui risqueraient de troubler à la longue la paix de l'Europe, et, par conséquent, celle du monde ».

« Ceci est, avant tout, vrai de la Haute-Silésie. » Historiquement, « depuis 1163, la Haute-Silésie n'a plus aucun contact polonais avec le royaume de Pologne. (Est-ce à partir de là que le comte Brockdorff-Rantzau compte les sept cent cinquante ans de vie allemande?) (1). Juridiquement, la Pologne ne saurait faire valoir des revendications d'aucune sorte en faveur de la cession de la Haute-Silésie, moins encore des revendications reposant sur les principes du président Wilson. » Pas plus que ceux de la Prusse occidentale et de la Prusse orientale, de la Posnanie, de la Poméranie, mis précédemment hors de cause, « les territoires de la Haute-Silésie que l'on réclame pour la Pologne ne sont habités par une population *incontestablement* polonaise. » Les chiffres des élections pour le Reichstag allemand en 1903, en 1907, en 1919, pour l'Assemblée nationale en 1918, en sont un indice suffisant. (Or chacun sait que ces élections étaient parfaitement libres!) (2). Les statistiques générales le confirment : statistique des écoles, statistique des langues, statistique des races. (Et chacun sait que les statistiques ne souffrent pas d'être tendancieusement sollicitées!) Mais voici la grande raison qui, à elle seule, dispense de toutes les autres, voici l'intérêt sous le sentiment :

« L'Allemagne ne saurait se passer de la Haute-

(1) La Silésie, venue, de 1289 à 1327, sous la suprématie de la Bohême, passa, après 1526, à la Maison d'Autriche, qui en fut dépouillée par Frédéric II (1740-1741).

(2) V. TRAVAUX DU COMITÉ D'ÉTUDES. *La répartition des Polonais d'après les résultats des élections aux Assemblées représentatives*. II. La représentation parlementaire des Polonais de Prusse, par M. EISENMANN, avec trois cartes.

Silésie. Par contre, la Pologne n'a pas besoin de la Haute-Silésie.

Le produit le plus important de la Haute-Silésie est la houille. Le rendement houiller de la Haute-Silésie s'est élevé, l'année dernière, à 43 millions et demi de tonnes, c'est-à-dire, en chiffres ronds, à 23 pour 100 de la production totale allemande, qui est de 190 millions de tonnes. La cession de la Haute-Silésie à la Pologne n'entraînerait pas seulement la ruine industrielle de la Haute-Silésie, elle comporterait encore des dommages très graves de nature économique pour l'Allemagne. Jusqu'ici, la houille de Haute-Silésie a pourvu aux besoins de toute l'industrie de l'Allemagne orientale, pour autant qu'elle ne s'alimentait pas de houille anglaise ou rhéno-westphalienne par la Baltique. C'est elle aussi qui a alimenté des parties de l'Allemagne méridionale, de la Bohême, et, en dehors de l'industrie, elle a alimenté surtout les usines à gaz et satisfait à la consommation domestique. Au total, plus de 25 millions d'hommes ont été pourvus de houille provenant de la Haute-Silésie. Si la Haute-Silésie échoit à la Pologne, ce postulat économique courrait le plus grand risque.

En temps de paix, la Pologne utilisait près de 10 millions et demi de tonnes, pendant que la production houillère polonaise provenant des bassins polonais limitrophes, mais n'appartenant pas à la Haute-Silésie, s'élevait à 6 ou 8 millions de tonnes. Elle importait, pour combler ce qui lui manquait, 1 million et demi de tonnes de la Haute-Silésie; et, le reste, elle le trouvait dans les mines de la Tchéco-Slovaquie actuelle. Les Polonais pourraient facilement trouver, dans leurs propres houillères, à l'exception de certaines qualités spéciales, de quoi subvenir à leurs besoins, surtout si la Pologne exploite suffisamment ses mines, qui, en partie, ne sont pas encore organisées méthodiquement. A cela s'ajoute que, par l'acquisition de la Galicie, la Pologne va recevoir un important accroissement de richesses du sol. C'est surtout vrai pour les filons houillers qu'on a découverts dernièrement en Galicie occidentale. »

L'Autriche a dû goûter cette façon élégante de rejeter le fardeau sur les épaules du voisin.

La province de Posen, elle-même, ne peut pas davantage être considérée dans sa totalité comme un territoire de population *indiscutablement* polonaise. « D'importantes régions de la province de Posen sont habitées depuis plusieurs centaines d'années (ou beaucoup moins, à la suite d'émigration, expropriation, colonisation) par une population de majorité allemande. Toutefois, pour les régions de la province de Posen *ayant un caractère indéniablement polonais*, le Reich allemand... consentira à la cession de ces régions. » Seulement, il proteste contre le tracé des frontières proposé, qui ne repose pas sur le principe des nationalités, mais sur des préparatifs stratégiques, en vue d'une attaque contre les territoires allemands. « Est-ce ainsi que les relations futures entre l'Allemagne et la Pologne doivent être régies par la Société des nations? »

Faut-il parler de la Prusse occidentale? C'est « une vieille terre allemande ». L'ordre teutonique l'a imprégnée à jamais du caractère allemand. Les trois cents années de domination polonaise ont, il est vrai, renforcé l'empreinte polonaise, mais ont passé sur elle sans laisser de traces. (Explique qui pourra la contradiction.) Mais surtout « la cession de la plus grande partie de la Prusse occidentale séparerait extrêmement la Prusse orientale de l'Empire allemand ». Il faut au moins réserver un couloir. Et c'est alors la même concession apparente. « En dehors du couloir de communication avec la Prusse orientale, qu'il est indispensable de conserver avec l'Allemagne, celle-ci est prête à céder à la Pologne les parties de la Prusse occidentale, *dans la mesure où elles sont indéniablement* peuplées de Polonais. »

Reste la Prusse orientale, qui, « avec une population allemande d'environ un million et demi d'habitants, doit être territorialement séparée de l'Empire allemand et livrée absolument, au point de vue économique, à la Pologne... Dans la partie méridionale de la Prusse orientale, on invoque la présence d'une population dont l'allemand n'est pas la langue maternelle (Polonais et Kaschoubes) pour demander dans ces districts une consultation populaire (art. 94 et 95). Ces districts *ne sont cependant pas habités par une population incontestablement polonaise.* (Mais, s'ils l'étaient *incontestablement,* l'Allemagne elle-même convient qu'il n'y aurait pas lieu à consultation populaire.) Le fait que, dans certaines régions, une langue non allemande s'est maintenue, ne peut être pris en considération, car c'est là un phénomène que l'on peut observer dans les plus anciens des États unitaires; on peut mentionner entre autres les Bretons, les Gallois et les Basques. La frontière actuelle de la Prusse orientale est fixée depuis environ cinq cents ans. Les parties en question de la province n'ont, dans leur plus grande partie, jamais appartenu à la Pologne ou à la Lituanie. Il n'y a rien de commun entre leurs habitants et les populations vivant en dehors de la frontière allemande, et cela, en raison d'un développement historique tout différent depuis des siècles, d'une civilisation de tendances tout opposées et d'une autre confession religieuse. Cette population n'a jamais, si l'on fait abstraction d'un groupe d'agitateurs étrangers au pays, manifesté le désir de se séparer de l'Allemagne, et il n'y a, par conséquent, pas de raison pour modifier la situation constitutionnelle et économique de ces territoires.

« Il en est de même, en Prusse occidentale, des cercles de Stuhm, Marienburg, Marienwerder et Rosenberg. Le cercle de Marienburg compte 98 pour 100 d'Allemands ; le cercle de Marienwerder, sur la rive droite de la Vistule, est également presque entièrement allemand ; Rosenberg compte 93,7 pour 100 d'Allemands. Il y a en Pologne des cercles où la proportion de la population allemande est plus élevée que celle de la population polonaise dans le cercle de Rosenberg. La présence de si faibles minorités ne constitue pas, selon le programme du président Wilson, une raison suffisante pour révoquer en doute le caractère national d'un territoire ; s'il en était autrement, ce programme aboutirait à la destruction de toute organisation d'État (1). »

La réponse des Puissances alliées et associées tient en substance dans son introduction :

« En traitant le problème du règlement de la frontière orientale de l'Allemagne, il faut poser deux principes fondamentaux.

« Le premier est que les Puissances alliées et associées se trouvent placées dans l'obligation toute spéciale d'user de la victoire qu'elles ont remportée pour rendre à la nation polonaise l'indépendance dont elle a été injustement privée il y a plus d'un siècle. Cette spoliation a été l'une des plus grandes injustices que l'histoire ait enregistrées, un crime qui, par les souvenirs et les résultats qu'il a laissés, a empoisonné pour longtemps la vie politique d'une grande partie du continent européen. La saisie des provinces occidentales de la Pologne a été, pour la Prusse, un des moyens essentiels par lesquels elle a édifié sa puissance mili-

---

(1) *Remarques de la Délégation allemande sur les conditions de paix*, p. 35 à 42. Marienburg paraît être d'un caractère *incontestablement* allemand. On y voit encore un ancien château des Chevaliers teutoniques.

taire. La nécessité de tenir ces provinces dans une étroite sujétion a perverti toute la vie politique de la Prusse d'abord, de l'Allemagne ensuite. Le premier devoir des Alliés est de réparer cette injustice. Ce devoir, ils l'ont proclamé sans interruption pendant toute la guerre, même aux jours où il aurait pu sembler à quelques-uns que la perspective du succès final était des plus lointaines. Maintenant que la victoire est gagnée, il est possible d'atteindre le but qu'on se proposait. La restauration de la Pologne a déjà été acceptée spontanément par le Gouvernement russe. La réalisation en est assurée par l'écroulement des Puissances centrales.

« Le second principe, proclamé par les Alliés et formellement accepté par l'Allemagne, est que seront rendues à la Pologne restaurée les régions aujourd'hui habitées par une population indiscutablement polonaise.

« Tels sont les principes qui ont guidé les Alliés lorsqu'ils ont fixé les frontières orientales de l'Allemagne; et c'est sur eux qu'ont été strictement basées les conditions de paix. »

La *Réponse* discute ensuite point par point le mémoire allemand. Pour les parties occidentales de l'ancien royaume de Pologne, qui font en ce moment partie des provinces prussiennes de Posnanie et de Prusse occidentale, lors du partage, « ces régions de Pologne étaient habitées par une majorité de Polonais; à l'exception de quelques villes et de certains districts où des colons allemands s'étaient infiltrés, la région était entièrement polonaise de langue et de sentiments. Si les Puissances alliées et associées avaient appliqué dans toute sa rigueur la loi de justice historique, elles eussent été justifiées à rendre à la Pologne la presque totalité de ces deux provinces. En réalité, les Puissances alliées et associées ne l'ont pas fait; elles ont, de propos délibéré, écarté la revendication strictement fondée sur le droit historique, parce qu'elles ont voulu éviter jusqu'à une apparence d'injustice, et elles ont laissé à l'Allemagne les régions à l'ouest touchant au territoire allemand où prédomine d'une façon indiscutable l'élément allemand.

« En dehors de ces régions, il existe, il est vrai, certaines zones souvent fort éloignées de la frontière allemande, comme Bromberg par exemple, où les Allemands sont en majorité. Il serait impossible de tracer une frontière qui, en rattachant à la Pologne les régions environnantes, purement polonaises, laisserait ces zones à l'Allemagne. Il faut que l'une ou l'autre des parties consente à des sacrifices : ce principe reconnu, il ne saurait y avoir de doute sur celle d'entre elles qui doit avoir un droit de préférence. Quelque nombreux que puissent être les Allemands dans ces régions, le nombre des Polonais intéressés leur est supérieur. Laisser ces régions à l'Allemagne serait sacrifier la majorité à la minorité. En outre, il est nécessaire de rappeler les méthodes par lesquelles les Allemands ont, dans certaines régions, établi leur prépondérance. Les colons allemands, les immigrants allemands, les résidents allemands, ne sont point venus par la seule action de causes naturelles Leur présence est la conséquence directe de la politique suivie par le gouvernement prussien, qui a utilisé ses immenses ressources pour déposséder la population indigène et la remplacer par une population de langue et de nationalité allemandes. Il a continué à employer ce même procédé jusqu'à la veille même de la guerre et avec une rigueur exceptionnelle, qui a soulevé des protestations même en Allemagne. Admettre qu'une politique de ce genre puisse donner des droits permanents sur un pays, ce serait donner un encouragement et une prime aux actes les plus flagrants d'injustice et d'oppression. »

Néanmoins, afin d'éliminer toute possibilité d'injustice, les Puissances alliées et associées ont fait examiner à nouveau avec soin les frontières occidentales de la Pologne; cet examen a amené certaines modifications de détail en vue de faire cadrer d'une façon plus étroite la frontière avec la ligne de démarcation ethnographique. Ces changements auront pour résultat de diminuer dans l'ensemble le nombre d'Allemands rattachés à la Pologne. En particulier, les Puissances alliées et associées ont décidé de s'en tenir strictement à la frontière historique entre la Poméranie et la Prusse occidentale, de manière à ne joindre à la Pologne dans cette région aucune portion de l'Allemagne située en dehors de l'ancien royaume de Pologne. Il n'est pas certain que ces changements constitueront des améliorations pratiques. Il se peut même que le fait de suivre plus exactement la ligne ethnique produise des inconvénients locaux. »

D'où les deux tracés successifs de la frontière occidentale de la Pologne. Le tracé du 28 juin diffère de celui du 7 mai, en six endroits, du sud au nord :

1° Au détriment de la Pologne, dans la région de Bratin et de Laski, à l'ouest de Kempen;

2° Au bénéfice de la Pologne, dans la région de Militsch et de Guhrau, au sud et à l'ouest de Rawitsch; ces deux portions étant, comme étendue, à peu près équivalentes;

3° Au bénéfice de la Pologne, dans la région de Filehne, au sud-est de la Netze (la frontière polonaise s'en trouve toute rapprochée de l'important embranchement de Kreutz);

4° Au détriment de la Pologne, dans la région qui s'allonge du sud-ouest au nord-est le long de la voie ferrée de Schneidemühl à Konitz. Presque toute la ligne est rendue à l'Allemagne;

5° Au bénéfice de la Pologne, dans la région lacustre, autour de Heidemühl, au nord de la Brahe;

6° Au détriment de la Pologne, dans la région à l'est de Lauenbourg et à l'ouest de Neustadt en Prusse occidentale, entre Ossecken et Zarnowitz, autour du lac de Zarnowitz et jusqu'à la mer Baltique (1).

Quant à la Haute-Silésie, « il est admis que ce problème diffère de celui de la Posnanie et de la Prusse orientale, pour cette raison que la Haute-Silésie ne faisait pas partie du royaume de Pologne, quand celui-ci fut démembré lors du partage. On peut soutenir que la Pologne n'a pas de droit *juridique* à la cession de la Haute-Silésie; mais il doit être déclaré solennellement qu'il n'est pas vrai qu'elle n'ait pas de droits qui puissent être soutenus d'après les principes du président Wilson. Dans les districts dont la cession est en cause, la majorité de la population est indiscutablement polonaise. Tous les ouvrages spéciaux allemands, tous les manuels scolaires, enseignent aux enfants allemands que les habitants sont Polonais d'origine et de langue. Les Puissances alliées et associées auraient entièrement violé les principes que le gouvernement allemand lui-même fait profession d'accepter, si elles n'avaient pas tenu compte des droits des Polonais sur cette région.

« Le gouvernement allemand, toutefois, conteste maintenant ces conclusions. Il refuse de reconnaître les aspirations polonaises des habitants. Il soutient que la séparation d'avec l'Allemagne ne s'accorde ni avec les vœux, ni avec les intérêts de la population. Dans ces conditions, les Puissances alliées et associées sont disposées à laisser résoudre la question par ceux qu'elle concerne particulièrement. Elles ont décidé en

(1) Nous avons fait tracer sur une carte les variations de la frontière polonaise entre le 7 mai et le 28 juin. Nous regrettons de n'avoir pu la faire reproduire et joindre à cet exposé qui y eût gagné grandement en clarté.

conséquence que ce territoire ne serait pas immédiatement cédé à la Pologne, mais que des mesures seraient prises pour y instituer un plébiscite.

« Elles auraient été heureuses d'éviter ce plébiscite, car il devra être retardé pour un laps de temps assez considérable; il entraînera l'occupation temporaire de la région par des troupes étrangères. Pour assurer la pleine liberté du vote, il impliquera la création d'une commission indépendante chargée d'administrer ce territoire pendant la période qui précédera le plébiscite.

« En outre, afin d'empêcher que l'Allemagne ne soit arbitrairement privée des matières nécessaires à sa vie industrielle, un article a été ajouté au traité, prévoyant que les produits minéraux, y compris le charbon, produits dans toute partie transférée de la Haute-Silésie, pourront être achetés par l'Allemagne aux mêmes conditions que par les Polonais eux-mêmes. »

Ce sont encore des adoucissements aux conditions qui devaient être imposées à l'Allemagne. Il est probable qu'on s'y est décidé aux environs du 28 mai.

Mais il n'importe. Que reste-t-il, en somme? Ce miracle, que tant de générations avaient inutilement attendu : la résurrection de la Pologne :

« La restauration de l'État polonais est un fait historique qui ne peut se produire sans briser beaucoup de liens, sans causer beaucoup de difficultés temporaires et sans troubler beaucoup de personnes, mais les Puissances alliées et associées ont eu pour principal souci de fournir une sérieuse protection aux Allemands qui vont être transférés à la Pologne aussi bien qu'à toutes les autres minorités de religion, de race ou de langue. Une clause du Traité leur assure la liberté religieuse, le droit de se servir de leur langue et aussi de faire élever leurs enfants dans leur propre langue. Ils ne connaîtront pas de persécutions semblables à celles que les Polonais eurent à endurer du fait de l'État prussien. »

L'Allemagne mène grand bruit à cause de l'isolement où va se trouver, par rapport au corps germanique, la Prusse orientale :

« Le gouvernement allemand déclare ne pouvoir accepter une solution par laquelle la Prusse orientale serait séparée du reste de l'Allemagne. Il est par suite nécessaire de rappeler que pendant plusieurs siècles la Prusse orientale a été en fait si nettement séparée qu'à aucun moment, jusqu'en 1866, elle n'a été véritablement comprise dans les frontières politiques de l'Allemagne; les historiens allemands ont toujours reconnu que la Prusse orientale n'est pas un pays d'origine allemande, mais bien une colonie allemande. Il n'est pas douteux qu'il serait commode, pour l'Allemagne, que ce pays, qui a été conquis et arraché à ses premiers habitants par le glaive allemand, fût en contact direct avec la vraie Allemagne, mais la commodité de l'Allemagne ne constitue pas une raison suffisante pour justifier la continuation du démembrement et du morcellement d'une autre nation. En outre, les intérêts que les Allemands qui habitent la Prusse orientale, et dont le nombre n'atteint pas deux millions, ont à établir une voie d'accès terrestre avec l'Allemagne sont beaucoup moins vitaux que l'intérêt de toute la nation polonaise à obtenir un accès direct à la mer.

« La plus grande partie du commerce de la Prusse orientale avec le reste de l'Allemagne se fait par mer. Pour la vie commerciale de la province, il importera peu que la Prusse occidentale soit rendue à la Pologne; mais, pour la Pologne, il est essentiel d'avoir des communications immédiates et ininterrompues avec Dantzig et le reste de la côte, au moyen de lignes de chemins de fer qui soient entièrement sous le contrôle de l'État polonais. Les inconvénients que peuvent présenter les nouvelles frontières pour la Prusse orientale sont négligeables, quand on les compare à ceux que tout autre arrangement causerait à la Pologne.

« De plus, l'importance de la voie ferrée qui relie la Prusse orientale à l'Allemagne a été pleinement reconnue dans le Traité, et des articles y ont été insérés à cet effet. Ces derniers viennent d'être revisés avec le plus grand soin, et ils assurent de la manière la plus complète qu'aucun obstacle ne sera opposé aux communications à travers le territoire polonais interposé. »

Au demeurant, pourquoi l'Allemagne, qui, ailleurs, réclame à grands cris le plébiscite, n'en veut-elle pas pour la Prusse orientale? Si c'est une province si *indiscutablement allemande*, s'il y a si peu de Polonais et de Kaschoubes polonisants, qu'en peut-elle craindre?

« Il est difficile de comprendre les objections élevées par les Allemands contre le plébiscite qui doit être institué dans certaines régions de la Prusse orientale. D'après tous les renseignements, il existe dans la région d'Allenstein une majorité polonaise considérable. La note allemande soutient, par contre, que cette région n'est pas habitée par une population incontestablement polonaise et suggère que les Polonais ne désirent pas être séparés des Allemands.

« C'est précisément parce qu'il peut y avoir quelque doute sur les sympathies politiques des habitants que les Puissances alliées et associées sont décidées à instituer un plébiscite dans cette région. Là où les affinités de la population ne sont pas douteuses, un plébiscite n'est pas nécessaire; là où il y a un doute, un plébiscite s'impose. On remarque avec surprise que les Allemands, au moment même où ils prétendent adopter le principe de libre disposition, refusent d'accepter les moyens les plus évidents de l'appliquer (1) ».

La surprise tombe, à moins qu'elle ne redouble, quand on réfléchit que ce n'est pas le principe de libre disposition que la Prusse depuis Frédéric II, l'Empire allemand depuis 1871, ont appliqué à la Pologne, et que les moyens auxquels ils y ont eu recours, — conquête d'abord, expropriation et expulsion ensuite, — n'ont jamais eu rien de commun avec aucun de ces moyens-là.

Si grandes que paraissent peut-être au premier coup d'œil les acquisitions de la Pologne, elles ne lui restituent pas pourtant son ancien domaine tout entier. On le verrait, en superposant à une carte des partages de la Pologne un calque où seraient enregistrées les clauses territoriales du traité (2). Nous ne disons pas : la limite ethnique entre la race slave et la race germanique. Il s'en faut que cette limite soit atteinte. Que les noms de la Prusse orientale et de la Prusse occidentale ne nous fassent pas même illusion. Originairement, les Prussiens n'étaient pas des Allemands, mais des Slaves germanisés, et c'est par un singulier retour des choses et comme par un renversement des rôles que le monde a vu se constituer sous leurs mains brutales une Allemagne prussianisée.

Sans remonter trop loin dans le passé, prenons la Pologne à la veille du *Premier partage*. On sait que ce partage résulte d'une série, comprenant au moins quatorze traités ou conventions, signés de janvier 1772 à août 1776 (3). Voici alors quelle fut la part du roi de Prusse.

(1) *Réponse des Puissances alliées et associées aux remarques de la Délégation allemande*, p. 12-16.

(2) Travaux du Comité d'études. *Les frontières de l'État polonais*, par Maurice Fallex, avec deux cartes et un appendice.

(3) V. *Recueil des traités, conventions et actes diplomatiques concernant la Pologne*, 1762-1862, par le comte d'Angeberg, Paris, Amyot, 1872.

Frédéric II s'arrogea :

1º L'évêché de Warmie (Ermland);

Les trois palatinats de Malborg (Marienbourg); Pomérellie (sauf Gdansk, Dantzig); Chelmno (Culm), sans Torün (Thorn);

2º Les districts septentrionaux de la Grande-Pologne jusqu'à la Netze (Notec) et de la Kouïavie avec Bydgoszcz (Bromberg).

Le traité du 18 septembre 1773, dit M. Fallex, avait cédé à la Prusse « le district de la Grande-Pologne en deçà de la Netze, en longeant cette rivière, depuis la frontière de la Nouvelle-Marche jusqu'à la Vistule près de Fordon et de Solitz (Szulec), de sorte que la Netze ou Notec fasse la frontière des États de Sa Majesté le roi de Prusse et que cette rivière lui appartienne en entier. »

Frédéric n'était jamais à court de prétextes, et quand il voulait prendre, ou quand il avait pris, il trouvait toujours des juristes ou des historiens pour lui forger de bonnes ou plus souvent de mauvaises raisons. « Se donnant comme le successeur des ducs de Glogau, il avait occupé, dès février 1773, toute la rive gauche de la Netze, et, en 1774, il poussa même ses troupes jusqu'à Inovroclaw, sans s'en tenir au sens strict du traité. Sur les représentations de la Pologne, il restitua une partie des terres occupées (conventions de délimitation du 2 août 1756), mais garda nombre de villes, bourgs et villages situés sur la rive gauche de la Netze, nommément Wielen, Czarnkow, Uscie, Chodziez, Margonin, Golonez, Kczn et Szubin, avec leurs annexes, ces lieux devant servir de limites. »

La Prusse acquérait ainsi : 1º toute la basse Vistule, moins Gdansk (Dantzig), acquisition deux fois précieuse : la région était peuplée, fertile, commerçante, et elle soudait les provinces orientales de la monarchie (Prusse propre) aux provinces de Poméranie et de Brandebourg. Elle fut réunie au royaume souverain de la Prusse, sous les noms de *Prusse occidentale* et de *district de la Netze*.

2° L'évêché de Warmie fut adjoint à l'ancien duché de Prusse, où il faisait enclave, et forma avec lui la *Prusse orientale;* ainsi s'aggloméraient en une seule masse les provinces prussiennes du Nord.

La Prusse, en outre, et par précaution, imposa à la Pologne toute sorte de renonciations, par les articles 3, 4 et 5 du traité du 18 septembre 1773. Par ces renonciations de la Pologne, Frédéric II libérait en quelque manière ses conquêtes de tout retour de droit féodal et de droit national. Rappelons-nous que la Prusse était alors un royaume, encore tout nouveau et très petit, qui ne faisait fi de rien. Les États du Grand-Électeur ne couvraient qu'un peu plus de 2 090 milles carrés avec 1 500 000 habitants. Ceux de Frédéric le Grand formaient un royaume de 3 540 milles carrés, peuplés de 5 400 000 âmes. La Prusse de 1914, pour 6 171 milles carrés, dépassait 30 millions d'habitants.

C'est à la suite du premier partage de la Pologne que Frédéric II substitua à son titre de roi *en* Prusse *(König in Preussen)* celui de roi *de* Prusse. Comme M. Lavisse l'a remarqué, « le roi de Prusse, électeur de Brandebourg, a pris pour son titre électoral le nom de *Brannybor*, ville slave, et pour titre royal le nom de la Prusse, pays lituanien; » tous les deux ont été également usurpés.

Dans le *Deuxième partage* (1793), la Prusse recueillit :

1° Gdansk et Torün (Dantzig et Thorn), avec leurs territoires, qui furent incorporés à la Prusse occidentale;

2° La Kouïavie;

3° La Grande-Pologne presque entière et des portions plus ou moins considérables de la Moravie et de la Petite-Pologne; soit, avec plus de précision :

Les parties du palatinat de Poznan et de Gniezno (Posen et Gnesen) au sud de la Notec (Netze);

Le palatinat de Kalisz;

Le palatinat de Sieradz;

La partie nord du palatinat de Cracovie, avec Czenstochowa;

La partie ouest du palatinat de Rawa;

Le reste du palatinat de Brzesc, déjà entamé au partage précédent;

Le palatinat de Dobrzin;

Le palatinat de Plock presque en son entier.

De la sorte, la frontière prussienne était portée sur la Piliça, la Skierniewka et la Bzura.

En revanche, la Prusse abandonnait à la Russie les petites seigneuries de Tauroggen (Taurogi), en Samogitie, et de Sereje en Lituanie, jadis acquises par l'Electeur Frédéric III, en 1691.

Au *Troisième partage* (1795), la part de la Prusse fut :

Les terres lituaniennes du palatinat de Troki, à l'ouest du Niémen (Kalwarya, Suwalki);

La Podlaquie, moins la partie au sud du Boug (Bielsk, Bialystok);

Presque toute la Marcovie, à l'exception de l'extrême Sud-Est (Varsovie, Ciechanow, Lomza).

Une quatrième province prussienne fut ainsi formée, la *Nouvelle Prusse orientale*, à laquelle on réunit le pays de Plock annexé au deuxième partage.

Enfin, au sud, le duché de Siewierz, détaché de la Petite-Pologne, forma la Nouvelle-Silésie; elle fut incorporée à la Silésie prussienne.

« Par suite de ces arrangements, a noté Auguste Himly, la frontière orientale de la Prusse se trouva reportée jusqu'au cœur de la Pologne; elle remontait en effet le Niémen depuis son entrée dans l'ancienne Prusse ducale jusqu'à son coude à Grodno, gagnait depuis Grodno le Boug vistulien par une ligne presque droite dirigée du nord au sud, descendait ensuite cette rivière jusqu'à quelques lieues de sa jonction avec la Vistule, rejoignait le fleuve principal par une autre ligne dans le sens du méridien, qui laissait à la Prusse, comme rayon militaire autour de Praga, la langue de terre formée par les deux cours d'eau et finissait par rejoindre la Haute-Silésie en remontant la Piliça depuis son confluent avec la Vistule jusqu'à sa source... »

Mais il ne suffit pas de dévorer : il faut digérer et assimiler.

« Les acquisitions des deux démembrements, à la différence de celles qu'avait faites Frédéric II au premier partage, déplaçaient le centre de gravité de la monarchie prussienne, lui incorporaient beaucoup trop d'éléments hostiles, slaves et catholiques, et lui donnaient pour voisin direct l'empire russe. »

Tout n'était pas définitivement réglé par les trois partages : qu'est-ce qui est, dans l'histoire, définitivement réglé?

Le traité de Tilsitt (7 juillet 1807) créa le duché de Varsovie, aux dépens de la Prusse. Il fut donné au roi de Saxe. *Inde iræ;* et c'est peut-être un peu ce que nous avons payé si cher, huit ans après, en 1815.

Cependant le duché de Varsovie ne comprit pas toutes les acquisitions faites par la Prusse aux partages polonais. Il fut composé de :

1° La part prussienne au troisième partage (*Nouvelle Prusse orientale,* moins la Podlaquie) et la Nouvelle-Silésie;

2° La part prussienne du second partage (*Prusse méridionale),* moins Dantzig;

3° Le pays de Culm et le district de la Netze, qui venaient du premier partage, moins les cercles de Walcz (Deutsche-Krone) et Zlotow (Flatow).

Dès la conquête napoléonienne de 1806, les terres reprises avaient formé six départements; ceux-ci furent conservés en 1807 et pourvus de préfets, de sous-préfets. Les chefs-lieux étaient Varsovie, Poznan (Posen), Kalisz, Bydgoszcz (Bromberg), Plock et Lomza (ce dernier au lieu de Byalistok, exclu du duché).

« En effet, sous prétexte d'établir autant que possible des limites naturelles entre la Russie et le nouveau duché, la frontière russe fut poussée le long de la Bobra et de la Narev, de la Nurzec et du Boug; Byalistok, Sokolka et Bielsk.

« Quant à Dantzig, elle devait être « rétablie dans son indépendance et devenir « ville libre ». En réalité, Napoléon ne s'en dessaisit pas; elle resta sous son autorité immédiate et garda une garnison française. Son territoire s'étendait sur un rayon de deux lieues; il ne comprenait donc pas, comme l'indiquent maintes cartes, la moitié de la Frische-Nehrung, ni la flèche sablonneuse terminée par le village de Hela (1). »

Congrès de Vienne (1815). — Au Congrès de Vienne, la Pologne subit un nouveau partage (traités du 21 avril, dont l'un entre la Russie et la Prusse; lettres patentes du roi Frédéric-Guillaume III (15 mai), relatives au grand-duché de Posen; acte final du Congrès (9 juin).

« Il y eut alors quatre Pologneas : autrichienne, prussienne, russe; enfin, une minuscule Pologne indépendante : la République de Cracovie. »

Pour sa part, la Prusse reprit Dantzig et Thorn (avec un territoire nouvellement fixé pour Thorn, Culm et Michalow); elles étaient réincorporées à la Prusse occidentale, ainsi que les localités immédiatement riveraines de la gauche de la Basse-Vistule, et, sous le nom nouveau de grand-duché de Posen,

(1) TRAVAUX DU COMITÉ D'ÉTUDES. Mémoire cité de M. Maurice FALLEX.

l'ancien district de la Netze (avec Bromberg) et la partie de la Prusse méridionale (autour de Posen et de Gnesen) qui lui était indispensable pour établir une communication directe entre les provinces de Silésie et de Prusse et pour donner à la monarchie une frontière militaire telle quelle, vis-à-vis de la Russie. Les provinces de Prusse et le grand-duché de Posen ne furent pas inclus dans la Confédération germanique, où entra Frédéric-Guillaume III, par le pacte fédéral du 8 juin 1815.

Le roi de Prusse prit le titre de grand-duc de Posen. La séparation administrative du reste du royaume était symboliquement affirmée en fait par les armoiries du grand-duché, d'un caractère tout polonais. Mais, comme s'il était impossible à un roi de Prusse d'observer entièrement la foi jurée, Frédéric-Guillaume, en dépit des traités, détacha du grand-duché de Posen les districts de Chelmno (Culm), Michalow et la ville de Thorn; d'autre part, continuèrent à faire partie de cette dernière province les districts de Kamicusk et de Walcz, qu'il ne leur adjoignit pas, et dont le second fut, de gré ou de force, baptisé *Deutsche-Krone*.

En 1846, enfin, à la suite de troubles qui éclatèrent dans le grand-duché de Posen et en Galicie, la République de Cracovie fut jugée menaçante comme foyer d'intrigues pour la sécurité des États voisins et incorporée à l'empire de Russie, avec l'assentiment de la Prusse et de l'Autriche. Depuis lors, les frontières n'avaient plus subi de modifications. La Pologne prussienne avait seulement été l'objet d'une modification administrative, d'ordre intérieur pour la couronne de Prusse.

Le 14 et le 22 avril 1848, deux décrets du roi de Prusse Frédéric-Guillaume IV avaient incorporé la moitié du duché de Posen, avec sa capitale, à la Confédération germanique, sous prétexte que « la nationalité alle-

mande y était prépondérante ». Cette scission du
duché de Posen en deux parties distinctes, l'une polonaise et l'autre allemande, provoqua une protestation
du Comité national de Posen au Parlement de Francfort, et une protestation, par surcroît, du Conseil
national central polonais de Galicie. La Prusse ne s'en
émut pas.

En somme, de 1772 à 1846, voici le tableau de ses
gains et de ses pertes :

La République polonaise, avant le premier partage
de 1772, couvrait une superficie totale d'environ
753 000 kilomètres carrés.

Milliers de kilomètres carrés :

En 1772....	+ 38	En 1807......	— 121
En 1793....	+ 57	En 1815......	+ 41
En 1795....	+ 49	En 1831-1846 .	0
Ensemble.	+ 144	Différence ...	— 80

1772-1795....................................	+ 144
1807-1846....................................	— 80
Différence de 1772 à 1846......	+ 64

Le Traité est complété, en ce qui concerne le statut
de l'État polonais, non seulement par l'annexe à
l'article 88, qui organise le plébiscite en Haute-Silésie,
et précisé par les articles 94 et 95 qui l'organisent, en
Prusse orientale, dans une zone ainsi décrite :

« Art. 94. — Dans la zone comprise entre la frontière sud du territoire de la Prusse orientale, telle que
cette frontière est déterminée à l'article 28 de la
partie II (Frontières de l'Allemagne) du présent Traité,
et la ligne ci-dessous décrite, les habitants seront
appelés à désigner par voie de suffrages l'État auquel
ils désirent être rattachés :

« Limite ouest et nord du territoire du gouvernement (*Regierungsbezirk*) d'Allenstein, jusqu'à sa rencontre avec la limite entre les cercles *(Kreise)* d'Oletsko et d'Angerburg ; de là, la limite nord du cercle *(Kreis)* d'Oletsko jusqu'à sa rencontre avec l'ancienne frontière de la Prusse orientale » ;

comme par les articles 96 et 97, qui l'organisent ainsi (ART. 96) :

« Dans une zone comprenant les cercles *(Kreise)* de Stuhm et de Rosenberg et la partie du cercle de Marienburg qui se trouve à l'est de la Nogat et celle du cercle de Marienwerder qui se trouve à l'est de la Vistule, les habitants seront appelés à faire connaître, par un vote à émettre dans chaque commune *(Gemeinde)*, s'ils désirent que les diverses communes situées sur ce territoire appartiennent à la Pologne ou à la Prusse orientale » ;

mais par les stipulations ou les promesses de l'article 98 ajoutant :

« L'Allemagne et la Pologne concluront, dans l'année qui suivra la mise en vigueur du présent Traité, des conventions dont les termes, en cas de contestation, seront établis par le Conseil de la Société des nations, à l'effet d'assurer, d'une part à l'Allemagne des facilités complètes et appropriées pour communiquer, par voie ferrée, par télégraphe et par téléphone, avec le reste de l'Allemagne et la Prusse orientale à travers le territoire polonais, et d'autre part à la Pologne les mêmes facilités pour ses communications avec la ville libre de Dantzig à travers le territoire allemand qui pourra se trouver sur la rive droite de la Vistule, entre la Pologne et la ville libre de Dantzig. »

Il est capital, en effet, de pourvoir et de parer le mieux possible aux inconvénients, prompts peut-être à devenir des dangers, de ces deux couloirs qui se croisent, l'un du sud au nord, pour assurer la communication de la Pologne avec la mer, l'autre de l'est à l'ouest, pour assurer celle de la Prusse orientale avec l'Allemagne. Les Puissances alliées et associées n'ont pas manqué de s'en préoccuper. A cet égard, la note ci-dessous nous a été communiquée :

« Lors de la discussion à la Commission des affaires polonaises, de la frontière entre Pologne et Prusse orientale, la Délégation française a fait ressortir les graves dangers qui résulteraient pour la Pologne d'une agression allemande sur le couloir de Dantzig, si cette agression pouvait se produire simultanément de Prusse occidentale vers l'est et de Prusse orientale vers l'ouest.

« Une seule ligne de défense sérieuse existe à l'est de la Vistule : elle est constituée par le chapelet de lacs au nord-ouest d'Osterode, prolongé au nord par l'Oberlandischer-Kanal.

« La Commission, n'ayant pas accepté, pour des raisons d'ordre ethnique, cette ligne comme frontière entre Pologne et Prusse orientale, a reconnu la nécessité d'une précaution spéciale, — dont le principe fut soutenu par la Délégation française, — et consistant dans la démilitarisation absolue de la Prusse orientale.

« Dans son rapport nº 1 (page 6), en date du 19 mars, la Commission des affaires polonaises a, en conséquence, formulé comme suit ses propositions sur le statut de la Prusse orientale :

« j) *Statut de la Prusse orientale.*

« Il est reconnu que la frontière proposée à l'est du chemin de fer Dantzig-Mlawa, en raison de la proximité de cette importante ligne stratégique, constituerait, pour la Pologne, une grave source de faiblesse, si la Prusse orientale pouvait être utilisée comme base d'une agression militaire sérieuse.

« Une proposition tendant à renforcer cette frontière dans l'intérêt de la Pologne, en l'avançant à l'est,

jusqu'aux lacs qui se trouvent au nord-ouest d'Osterode, a été, toutefois, rejetée pour des raisons ethno-
graphiques, la Commission s'étant placée dans l'hypothèse que la Prusse orientale sera reconstituée dans
des conditions garanties par la Ligue des nations qui
assurera sa démilitarisation *absolue*. Au cas où cette
solution n'interviendrait pas, il pourrait être nécessaire d'étudier à nouveau cette partie de la frontière. »

« Si des dispositions pour la démilitarisation de la
Prusse orientale n'ont pas été insérées dans le traité
de paix avec l'Allemagne, c'est sans doute qu'il aura
été admis qu'il appartiendrait à la Ligue des nations
de poursuivre la démilitarisation de la Prusse orientale. »

Cela, pour la sûreté extérieure de l'État polonais.
Pour la liberté intérieure, une convention particulière
a été passée, le jour même de la signature de la paix
avec l'Allemagne, à Versailles, le 28 juin 1919, entre
les cinq principales Puissances alliées et associées,
d'une part, et la Pologne, d'autre part. L'exposé des
motifs en dit suffisamment l'objet :

« Considérant que les Puissances alliées et associées
ont, par le succès de leurs armes, rendu à la nation
polonaise l'indépendance dont elle avait été injustement privée;

« Considérant que, par la proclamation du
30 mars 1917, le gouvernement russe a consenti au
rétablissement d'un État polonais indépendant;

« Que l'État polonais, exerçant actuellement, en fait,
la souveraineté sur les parties de l'ancien empire russe
habitées en majorité par des Polonais, a déjà été
reconnu par les principales Puissances alliées et
associées comme État souverain et indépendant;

« Considérant qu'en vertu du Traité de paix conclu
avec l'Allemagne par les Puissances alliées et associées,
traité dont la Pologne est signataire, certains terri-

 toires de l'ancien Empire allemand seront incorporés dans le territoire de la Pologne;

« Qu'aux termes dudit traité de paix, les limites de la Pologne qui n'y sont pas encore fixées doivent être ultérieurement déterminées par les principales Puissances alliées et associées;

« Les États-Unis d'Amérique, l'Empire britannique, la France, l'Italie et le Japon, d'une part, confirmant leur reconnaissance de l'État polonais, constitué dans lesdites limites, comme membre de la famille des nations, souverain et indépendant, et soucieux d'assurer l'exécution de l'article 93 dudit Traité de paix avec l'Allemagne;

« La Pologne, d'autre part, désirant conformer ses institutions aux principes de liberté et de justice, et en donner une sûre garantie à tous les habitants des territoires sur lesquels elle a assumé la souveraineté...

« Sont convenus des dispositions suivantes, etc. » (1).

On pouvait craindre, pour les Polonais comme pour les Tchéco-Slovaques, que ce genre de précautions n'irritât les susceptibilités, toujours vives chez une nation jeune ou longtemps malheureuse, et que les articles 10, 12, 14, 15, 16, par exemple, ne parussent durs aux patriotes qui se seraient sentis ou se seraient crus placés sous une sorte de surveillance internationale, presque supernationale, attentatoire à la souveraineté de la Pologne. Plusieurs des dispositions de la convention n'en étaient pas moins, sinon commandées, recommandées par les conditions de la vie économique et sociale dans l'État polonais qui se constitue (2).

(1) Protocole séparé sous le titre : *Pologne*, p. 1, 2, 8, 9.
(2) Travaux du Comité d'études : *La question juive sur le territoire de la Pologne historique*, par M. E. Denis. — *La propriété foncière sur les territoires de la Pologne historique*, par M. H. Grappin.

Mais déjà cette convention, aussi bien que le Traité lui-même, a reçu la ratification législative : tous les partis ont eu la sagesse de ne voir que le fait, « ce grand fait historique » : la Pologne est ressuscitée. Aucune solution ne peut aujourd'hui trancher toutes les questions de demain; et des questions nouvelles naîtront probablement des solutions elles-mêmes. Mais que la Pologne revive, c'est la preuve certaine, c'est le signe visible que tous ceux qui se sont levés pour le droit et pour la justice n'ont pas combattu en vain.

PRUSSE ORIENTALE

Art. 28. — Les frontières de la Prusse orientale seront déterminées comme il suit, sous réserve des dispositions (1) de la section IX (Prusse orientale) de la partie III (2) :

D'un point situé sur la côte de la mer Baltique, à environ 1 kil. 500 au nord de l'église du village de Pröbbernau et dans une direction de 159° (à compter du nord vers l'est) :

Une ligne d'environ 2 kilomètres, à déterminer sur le terrain;

De là, en ligne droite sur le feu situé au coude du chenal d'Elbing au point approximatif : latitude 54° 19' 1/2 nord, longitude 19° 26' est de Greenwich;

De là, jusqu'à l'embouchure la plus orientale de la Nogat, dans une direction approximative de 209° (à compter du nord vers l'est);

De là, vers l'amont, le cours de la Nogat jusqu'au point où cette rivière quitte la Vistule (Weichsel);

De là, le chenal de navigation principal de la Vistule, vers l'amont, puis la limite sud du cercle de Marienwerder, puis celle du cercle de Rosenberg vers l'est jusqu'à son point de rencontre avec l'ancienne frontière de la Prusse orientale;

De là, l'ancienne frontière entre la Prusse occiden-

(1) Premier texte : « Des dispositions des articles 94 et 96. »
(2) Premier texte : « Section XI. »

tale et la Prusse orientale, puis la limite entre les cercles d'Osterode et de Neidenburg, puis vers l'aval le cours de la rivière Skottau, puis vers l'amont le cours de la Neide, jusqu'au point situé à environ 5 kilomètres à l'ouest de Bialutten et le plus rapproché de l'ancienne frontière de Russie ;

De là, vers l'est, et jusqu'à un point immédiatement au sud de l'intersection de la route Neidenburg-Mlava et de l'ancienne frontière de Russie :

Une ligne à déterminer sur le terrain passant au nord de Bialutten ;

De là, l'ancienne frontière de Russie jusqu'à l'est de Schmalleningken (1), puis vers l'aval le chenal de navigation principal du Niemen (Memel), puis le bras Skierwieth du delta jusqu'au Kurisches Haff ;

De là, une ligne droite jusqu'au point de rencontre de la rive orientale de la Kurische-Nehrung et de la limite administrative, à 4 kilomètres environ au sud-ouest de Nidden ;

De là, cette limite administrative jusqu'à la rive occidentale de la Kurische-Nehrung.

(1) Jusqu'ici, la délimitation des frontières de la Prusse orientale aurait peut-être été mieux à sa place dans le chapitre précédent : *Pologne*. Mais il ne nous a pas paru expédient de la couper en deux ; et, à partir de Schmalleningken, il s'agit bien du pays de Memel, c'est-à-dire de la région du bas Niémen.

MEMEL

A cet article 28, il faut adjoindre, dans la partie III, *Clauses politiques européennes,* l'article 99 :

L'Allemagne renonce, en faveur des principales Puissances alliées et associées, à tous droits et titres sur les territoires compris entre la mer Baltique, la frontière nord-est de la Prusse orientale décrite à l'article 28 de la partie II (Frontières de l'Allemagne) du présent Traité et les anciennes frontières entre l'Allemagne et la Russie.

L'Allemagne s'engage à reconnaître les dispositions que les principales Puissances alliées et associées prendront relativement à ces territoires, notamment en ce qui concerne la nationalité des habitants.

Ici, il ne s'agit pas de la Société des nations : ce sont les « principales Puissances alliées et associées » qui sont fidéicommissaires.

« L'Allemagne renonce. » Non sans peine : suivant M. de Brockdorff-Rantzau, la ville de Memel serait « purement allemande ». L'Allemagne était « prête à concéder aux Polonais un accès libre et sûr à la mer, sous une garantie internationale, en leur accordant des ports francs à Dantzig, à Königsberg, à Memel, en réglant la navigation sur la Vistule par un acte international, et en stipulant des tarifs spéciaux de chemins de fer », mais céder Memel elle-même, non.

Les remarques de la Délégation allemande exposent :

« L'article 99 demande la séparation de l'Allemagne d'une bande de territoire comprenant les cercles de Memel, Heydekrug, ainsi que des portions des cercles de Tilsitt et de Ragnit dans le nord de la Prusse orientale. Les habitants de ce territoire, y compris ceux qui parlent le lituanien comme langue maternelle, n'ont jamais désiré être séparés de l'Allemagne. Ils se sont toujours montrés un élément fidèle de la communauté allemande. En ce qui concerne les conditions linguistiques dans ces territoires, seul le cercle de Heydekrug compte, d'après le recensement de 1910, avec 53 0/0 d'habitants parlant le lituanien, une faible majorité de langue allemande. Dans le cercle de Memel, 44 pour 100 seulement des habitants ont le lituanien comme langue maternelle; dans le cercle de Ragnit, 12 pour 100. L'ensemble de la région compte une majorité allemande : environ 68 000 Allemands contre 34 000 personnes parlant le lituanien; Memel, en particulier, est une ville purement allemande; elle a été fondée en 1252 par des Allemands et n'a jamais, dans le cours de son histoire, appartenu ni à la Pologne, ni à la Lituanie. De même que dans le sud, la frontière de la Prusse orientale est demeurée sans modification depuis l'année 1412. Il y a lieu, à ce propos, de remarquer, que même ceux des habitants de ce territoire qui ont pour langue le lituanien possèdent presque tous parfaitement l'allemand et se servent même entre eux régulièrement de cette langue. Il n'existe pas non plus dans cette région de mouvement tendant à l'union avec la population lituanienne de l'ancien Empire russe, abstraction faite d'un petit groupe dont il n'y a pas lieu de tenir compte. Il en est d'autant plus ainsi que la population lituanienne qui habite l'ancien Empire russe est catholique, et que celle qui est fixée sur le territoire allemand est protestante.

« Le gouvernement allemand doit rejeter en conséquence la cession de ce territoire (1). »

C'est la seconde fois que paraît cet argument : « Abstraction faite d'un petit groupe dont il n'y a pas lieu de tenir compte. » Lorsqu'il se rencontre un groupe qui n'est pas pleinement satisfait de la domination allemande, c'est toujours « un petit groupe », et il est toujours composé d'agitateurs venus du dehors », étrangers au pays, peu de gens et gens de peu, brouillons sans conséquence.

« Les Puissances alliées et associées se refusent à admettre que la cession de la région de Memel soit contraire au principe de nationalité. La région en question a toujours été lituanienne, la majorité de la population est lituanienne d'origine et de langue; le fait que la ville de Memel elle-même est en grande partie allemande ne justifierait pas le maintien de toute cette région sous la souveraineté allemande, particulièrement par le fait que le port de Memel est le seul débouché maritime de la Lituanie.

« Il a été décidé que Memel et la région avoisinante seraient remis aux Puissances alliées et associées parce que le statut des territoires lituaniens n'est pas encore déterminé (2). »

La décision est donc toute provisoire. Les principales Puissances alliées et associées reçoivent Memel comme un dépôt, sans doute jusqu'à ce qu'un parti ait été pris sur la constitution d'un État lituanien. Nous avons peu de chose à en dire. On peut s'en rapporter à l'opinion d'un bon juge, formée sur place. Selon lui, tout ce pays est lituanien, jusqu'au village de Nidden, auquel aboutit la frontière, sur la langue

____

(1) *Remarques adressées par la Délégation allemande au Président de la Conférence de la Paix*, p. 40, 41.

(2) *Réponse des Puissances alliées et associées aux Remarques de la Délégation allemande*, p. 16.

de terre boisée qui ferme le Kurisches ou Curisches-Haff, la Kurische-Nehrung. Un autre appuie : « Le lituanien est en usage dans les parties rurales d'un territoire de la Prusse orientale appartenant à l'Allemagne ; mais il sert surtout dans les provinces lituaniennes de l'ancien Empire russe, dans la région à l'embouchure du Niémen. Le front de mer du domaine lituanien appartient presque tout entier à l'Allemagne depuis l'embouchure de la Deime, dans le Curisches-Haff, jusqu'au nord de la Pologne. La ville de Memel est en plein domaine lituanien. Est lituanien un large quadrilatère à l'est de ce front de mer. La limite du lituanien coupe le Niémen à Przelom, après avoir laissé au polonais la partie méridionale du gouvernement de Suvalki avec la ville du même nom. Puis la ligne remonte vers le nord-est en passant immédiatement à l'ouest de Vilna. Enfin, elle revient en droite ligne vers l'ouest ; la ligne de séparation du lituanien et du lette concorde en gros avec la limite politique de l'ancien royaume et de la Courlande. Tel est le domaine où la population rurale parle, en général, lituanien...

« Dans les parties lituaniennes de la Prusse de 1914, le nombre des sujets parlant lituanien ne paraît guère dépasser 150 000 ; presque tous sont bilingues et ont l'allemand pour langue de civilisation. L'emploi du lituanien dans un certain nombre de localités rurales n'est qu'une survivance (1). »

Mais, précisément, une survivance ne prouve-t-elle pas une vie antérieure et n'est-elle pas souvent un vestige de la vie primitive ? L'Allemand, dans la région de Memel, avait bâti sur un fonds lituanien.

(1) TRAVAUX DU COMITÉ D'ÉTUDES. — *Pologne et Lituanie*, par A. MEILLET, avec une carte. « On écrit souvent : Lithuanie, à tort, remarque M. Meillet, le lituanien ignore absolument et *h* et les consonnes aspirées. »

CHAPITRE IV

FRONTIÈRE SEPTENTRIONALE DE L'ALLEMAGNE

VILLE LIBRE DE DANTZIG

« Art. 100. — L'Allemagne renonce, en faveur des principales Puissances alliées et associées, à tous droits et titres sur le territoire compris dans les limites ci-après :

« De la mer Baltique, vers le sud et jusqu'au point de rencontre des chenaux de navigation principaux de la Nogat et de la Vistule (Weichsel) :

« La frontière de la Prusse orientale telle qu'elle est décrite à l'article 28 de la partie II (Frontières de l'Allemagne) du présent Traité;

« De là, le chenal de navigation principal de la Vistule vers l'aval et jusqu'à un point situé à environ 6 k. 500 du nord du pont de Dirschau;

« De là, vers le nord-ouest et jusqu'à la cote 5 située à 1 kil. 500 au sud-est de l'église de Güttland :

« Une ligne à déterminer sur le terrain;

« De là, vers l'ouest et jusqu'au saillant fait par la limite du cercle Berent, à 8 kil. 500 au nord-est de Schöneck;

« Une ligne à déterminer sur le terrain, passant entre Mühlbanz, au sud, et Rambeltsch, au nord;

« De là, vers l'ouest, la limite du cercle Berent jusqu'au rentrant qu'elle fait à 6 kilomètres au nord-nord-ouest de Schöneck;

« De là et jusqu'à un point situé sur la ligne médiane du Lonkener See :

« Une ligne à déterminer sur le terrain, passant au nord de Neu-Fietz et Schatarpi et au sud de Barenhütte et Lonken;

« De là, la ligne médiane du Lonkener-See, jusqu'à son extrémité nord;

« De là, et jusqu'à l'extrémité sud du Pollenziner-See :

« Une ligne à déterminer sur le terrain;

« De là, la ligne médiane du Pollenziner-See jusqu'à son extrémité nord;

« De là, vers le nord-est et jusqu'au point situé à un kilomètre environ au sud de l'église de Koliebken, où la voie ferrée Dantzig-Neustadt traverse un ruisseau :

« Une ligne à déterminer sur le terrain passant au sud-est de Kamehlen, Krissau, Fidlin, Sulmin (Richthof), Mattern, Schäferei, et au nord-ouest de Neuendorf, Marschau, Czapielken, Hoch et Klein-Kelpin, Pulvermühl, Renneberg, et les villes de Oliva et Zoppot;

« De là, le cours du ruisseau ci-dessus mentionné jusqu'à la mer Baltique. »

La Pologne eût voulu Dantzig.

Pourtant, au simple point de vue de la population, il n'y a pas de doute : Dantzig est une ville incontestablement allemande. Sur une population totale de 170 000 habitants, elle n'a que 3 pour 100 de Polonais. Il en est de même du district de Dantzig tout entier. Le Bas-Dantzig (sur 36 000 habitants) compte 99 pour 100 d'Allemands et le Haut-Dantzig (sur 54 000 habitants) 89 pour 100. Ce n'est pas un îlot allemand enclos dans une région polonaise : de Dantzig, en suivant la côte vers l'est, on va par des pays purement allemands jusqu'à la Prusse orientale. C'est bien un territoire allemand que la Pologne voulait se faire attribuer, et elle n'essayait que faiblement d'en cacher le caractère germanique.

Elle fondait sa demande sur la nécessité où elle est, pour vivre, d'avoir un accès à la mer. Ethniquement, sans sortir du domaine polonais, n'en aurait-elle pas un autre? A la vérité, il y a un point de la côte où elle pourrait aboutir en restant chez elle. Immédiatement à l'ouest de Dantzig, se trouve une bande de territoire, peuplée par des Polonais, qui relie à la Baltique les régions de la Pologne historique. Cette bande qui se greffe sur les districts de Preussisch Stargard (74 pour 100 de Polonais) et de Konitz (56 pour 100) comprend les districts suivants, de la majorité polonaise :

Berent (58 pour 100), Karthaus (72 pour 100), Neustadt in West Preussen (50 pour 100) et Putzig (70 pour 100),

Dans cette bande de territoire, les villages polonais et les villages allemands sont situés de telle façon que sa largeur en est sensiblement diminuée. Il reste néanmoins un « couloir » formé des villages qui présentent plus de 50 pour 100 de Polonais, d'une largeur minima de huit à dix kilomètres (dans la région de Putzig et de Neustadt, où sont, de plus, enclavées quelques communes allemandes réunies en îlot) qui atteint la mer entre Zoppot et l'embouchure du Piasnitz.

Mais la côte qui appartiendrait normalement au territoire polonais, sur le rivage occidental du golfe de Dantzig, n'offre aucun abri; c'est une côte de sables et de dunes, où un navire ne saurait trouver refuge. Nul moyen de construire là le grand port dont a besoin la nation polonaise. Seulement, l'existence de ce couloir permet déjà de réfuter une des principales objections que l'on pouvait faire à l'établissement d'un port polonais sur la côte baltique.

On objectait, en effet, aux Polonais que, pour relier la Pologne à un port baltique, il fallait couper en deux tronçons les territoires de la Prusse orientale, foncièrement allemande. Or, l'application stricte du principe ethnographique, par le couloir Zoppot-Piasnitz, aurait le même résultat. Il ne s'agissait donc plus que de savoir si ce couloir passerait un peu plus à l'est ou un peu plus à l'ouest.

A quelques kilomètres de la côte polonaise, Dantzig eût réalisé le port idéal de la Pologne. Il est en pays allemand, mais à la lisière de ce pays et si près du couloir polonais qu'il aurait pu lui être aisément rattaché. Elbing et Kœnigsberg, plus loin du couloir, sont au fond du Frisches-Haff, n'ont point de sortie directe, et sont commandés par le port et le détroit de Pillau, par lesquels ils pourraient être bloqués, le cas échéant. Ou bien il eût fallu donner à la Pologne tout le Frisches-Haff avec Pillau, et certainement elle n'a sur ces territoires aucun droit. On en venait donc à cette conclusion que, si la Pologne devait avoir un port sur la Baltique, ce ne pouvait être que Dantzig.

Au surplus, malgré le caractère nettement allemand de cette ville, son histoire n'est pas toute allemande. Dantzig faisait primitivement partie de la Poméranie polonaise et la ville fut polonaise depuis son apparition dans l'histoire en 997 jusqu'en 1308, date à laquelle elle fut conquise par les chevaliers teutoniques. Ceux-ci massacrèrent une bonne partie de la population civile (environ 10 000 habitants), et c'est à la suite de ce massacre que Dantzig est devenue la ville allemande qu'elle est encore aujourd'hui. Elle resta au pouvoir des chevaliers teutoniques jusqu'en 1454 et devint ensuite de nouveau polonaise. Ce n'est qu'après le deuxième partage de la Pologne, en 1793, qu'elle devint prussienne et qu'elle le resta, sauf un court passage sous la domination française, de 1806 à 1813. La ville a donc souvent changé de maîtres. Quant à l'idée d'en faire une ville libre, nous avons vu que Napoléon l'avait eue, et que c'est à lui qu'on la reprend.

Ce qui est remarquable, c'est qu'au cours de cette histoire, les revendications de Dantzig semblent avoir été inspirées moins par des sentiments nationaux que par des considérations économiques. Dantzig était en effet une ville allemande quand, en 1454, elle s'est donnée au roi de Pologne, qui la récompensa par de larges franchises. Si, en 1577, elle entra en conflit avec le gouvernement polonais, c'est au sujet du règlement de questions maritimes. Dans l'ensemble, les marchands de Dantzig vivaient surtout du commerce avec la Pologne, et leur intérêt les rapprochait des Polonais. Aussi y a-t-il toujours eu à Dantzig, même dans la population allemande, un fort parti qui souhaitait le rattachement à la Pologne, et ce parti existe encore de nos jours.

Cela montre bien que la question économique domine ici la question ethnographique. Dantzig, port de la Vistule, et la Pologne, pays de la Vistule, vivent de la même vie économique. Ils sont, au dire des Polonais, liés entre eux comme les membres et l'estomac. Une étude attentive des conditions actuelles du port de Dantzig, de ses relations continentales et des voies de communication de la Vistule et du canal de Bromberg, et du réseau de voies ferrées, dont il pourrait être doté, confirmerait pleinement l'analogie (1).

Pour défendre Dantzig, la Délégation allemande s'est attachée à en mettre en relief la physionomie « foncièrement allemande » (2). C'était le point délicat.

(1) TRAVAUX DU COMITÉ D'ÉTUDES. — *La Question de Dantzig*, par M. CHABOT.

(2) *Notes adressées par la Délégation allemande au Président de la Conférence de la Paix*, note n° 16, 29 mai 1919, p. 85.

« Les articles 100 à 108 demandent la cession de la ville hanséatique purement allemande de Dantzig et de ses environs, eux aussi purement allemands. Ceci est, en particulier, en opposition absolue avec toutes les assurances données par le président Wilson. D'après le recensement du 1er décembre 1910, Dantzig n'avait qu'une minorité infime de 3,5 pour 100 de population de langue polonaise; le district de Dantzig-Niederung, 1 pour 100; celui de Marienburg, 3 pour 100; même celui de Dantziger-Höhe n'avait que 11 pour 100. Les Polonais eux-mêmes ne contestent pas sérieusement que Dantzig ait toujours eu un caractère allemand. La tentative de faire de Dantzig une ville libre, de remettre à l'État polonais ses moyens de communication et la représentation de ses droits au dehors se heurterait à une résistance énergique et créerait dans l'Est un état de guerre perpétuel. De plus, les mesures économiques stipulées sont telles que tout trafic entre Dantzig et l'Allemagne est rendu on ne peut plus difficile, manifestement dans l'intention de poloniser, avec le temps, par une pression économique, ce territoire essentiellement allemand (1). »

Les Puissances alliées et associées, dans leur réponse, se gardent de contester l'incontestable caractère allemand de Dantzig, mais si l'Allemagne a des droits à Dantzig, la Pologne aussi a des droits à la mer. Dantzig est le débouché naturel, le seul commode et suffisant de la Pologne.

« La note allemande déclare que le Gouvernement allemand « doit rejeter le rapt que l'on veut faire de Dantzig et doit maintenir sa prétention que Dantzig et ses environs soient laissés à l'Empire allemand ». Un pareil langage semble indiquer une certaine mécon-

(1) *Remarques de la Délégation allemande sur les conditions de paix*, p. 88.

naissance de la véritable situation. La solution proposée pour Dantzig a été élaborée avec le soin le plus scrupuleux et consacrera le caractère que la ville de Dantzig a eu durant des siècles, jusqu'au jour où, par la force et contrairement à la volonté de ses habitants, elle a été annexée à l'État prussien. La population de Dantzig est et a été depuis longtemps en grande majorité allemande. C'est pour cette raison même qu'on ne propose pas de l'incorporer à la Pologne. Mais Dantzig, quand elle était une ville de la Hanse, se trouvait, comme beaucoup d'autres villes hanséatiques, en dehors des frontières politiques de l'Allemagne, et unie à la Pologne, auprès de laquelle elle a joui durant des siècles d'une large indépendance locale, et d'une grande prospérité commerciale. Elle va se trouver désormais placée de nouveau dans une position semblable à celle qu'elle a occupée pendant tant de siècles. Les intérêts économiques de Dantzig et de la Pologne sont identiques. Dantzig, le plus grand port de la Vistule, a essentiellement besoin d'avoir les relations les plus intimes avec la Pologne. L'annexion à l'Allemagne de la Prusse occidentale, y compris Dantzig, a privé la Pologne de l'accès direct à la mer auquel elle avait droit. Les Puissances alliées et associées proposent que cet accès direct lui soit rendu. Il ne suffit pas que la Pologne reçoive le droit de se servir des ports allemands; la partie de la côte, si peu étendue qu'elle soit, qui est polonaise doit lui être rendue. La Pologne demande, et demande à juste titre, que la direction et le développement du port qui est son seul débouché sur la mer soient entre ses mains, et que les communications entre ce port et la Pologne ne soient soumises à aucune autorité étrangère, de telle manière qu'à ce point de vue, l'un des plus importants pour son existence nationale, la Pologne soit placée sur un pied d'égalité avec les autres États de l'Europe. » (1).

L'article 102, qui fait passer dans le fait cette doctrine, a été atténué comme d'autres, moins que d'autres, entre le 7 mai et le 28 juin; il s'est fait moins pressant, moins pressé, du premier au second texte. Il a mis au futur ce qu'il avait d'abord mis au présent.

Texte du 7 mai

« La ville de Dantzig, ensemble le territoire visé à l'article 100, est constituée en ville libre et placée sous la protection de la Société des nations. »

Texte du 28 juin

« Les principales Puissances alliées et associées s'engagent à constituer la ville de Dantzig, ensemble le territoire visé à l'article 100, en ville libre. Elle sera placée sous la protection de la Société des nations. »

De même, pour l'article 104, paragraphe Ier :

Texte du 7 mai

« Une convention, dont les termes seront fixés par les principales Puissances alliées et associées, interviendra entre le gouvernement polonais et la ville libre de Dantzig. »

Texte du 28 juin

« Une convention, dont les principales Puissances alliées et associées s'engagent à négocier les termes et qui entrera en vigueur en même temps que sera constituée la ville libre de Dantzig, interviendra entre le gouvernement polonais et ladite ville libre... »

(1) *Réponse des Puissances alliées et associées aux Remarques de la Délégation allemande*, p. 16.

Et pour l'article 105 :

Texte du 7 mai

« Dès la mise en vigueur du présent Traité, les ressortissants allemands domiciliés sur le territoire décrit à l'article 100 en deviendront de plein droit les nationaux et perdront la nationalité allemande. »

Texte du 28 juin

« Dès la mise en vigueur du présent Traité, les ressortissants allemands domiciliés sur le territoire décrit à l'article 100 perdront *ipso facto* la nationalité allemande en vue de devenir nationaux de la ville libre de Dantzig. »

Il va de soi, et il est dit (art. 106), que, pendant les deux ans qui suivront la mise en vigueur du Traité, ces ressortissants auront individuellement et familialement la faculté d'opter pour la nationalité allemande.

« La Constitution de la ville libre de Dantzig sera élaborée, d'accord avec un Haut Commissaire de la Société des nations, par des représentants de la ville libre, régulièrement désignés. Elle sera placée sous la garantie de la Société des nations.

« Le Haut-Commissaire sera également chargé de statuer en première instance sur toutes les contestations qui viendraient à s'élever entre la Pologne èt la ville libre au sujet du présent Traité ou des arrangements et accords complémentaires.

« Le Haut Commissaire résidera à Dantzig » (art. 103).

Cette Constitution, ainsi élaborée, rappellera sans doute les institutions des villes hanséatiques et se rapprochera de celle de Hambourg ; quelque chose comme un Sénat municipal, avec un *podestat*, imité des républiques italiennes, mais représentant la plus haute puissance qu'il y ait désormais au monde, la Société des nations.

Les mesures militaires et navales à prendre en vue de l'occupation des territoires de Dantzig et de Memel n'ont pu encore être arrêtées. On s'est toutefois accordé unanimement sur la nécessité d'interdire l'accès de Dantzig aux Polonais et d'en demander l'évacuation par les Allemands (c'est-à-dire, suivant la formule ordinaire, par les troupes et les autorités allemandes).

Les principales Puissances alliées et associées, à qui le dépôt de la ville libre de Dantzig a été confié, feront bien de ne pas perdre de vue que, placé comme il l'est, entouré de trois côtés par des terres prussiennes et du quatrième par une mer allemande, la vie de ce territoire serait suspendue à un fil si la protection de la Société des nations demeurait ou théorique ou platonique.

8° *AVEC LE DANEMARK*

L'article 27, n° 8, dit simplement : « la frontière telle qu'elle a été fixée en conformité avec les articles 109 et 110 de la partie III, section XII (Slesvig) ».

SLESVIG

L'article 109, en tant qu'il définit les zones dont les habitants seront admis à se prononcer sur leur attachement à l'Allemagne ou leur rattachement au Danemark a été gravement modifié, au moins deux fois, peut-être trois, entre le 7 mai et le 28 juin. Il a été infléchi, avec l'adhésion complaisante du gouvernement danois, dans le sens des désirs allemands.

Texte du 7 mai

La frontière entre l'Allemagne et le Danemark sera fixée conformément aux aspirations des populations.

A cette fin, les populations habitant les territoires de l'ancien Empire allemand situés au nord d'une ligne orientée Est-Ouest (figurée par un trait bleu sur la carte n° 5 annexée au présent Traité) :

Partant de Schleimunde, au sud de l'île de Lootsen, et suivant le cours de la Schlei vers l'amont.

Quittant la Schlei et tournant vers le Sud-Ouest, de façon à passer au sud-est de Schleswig, Haddeby et Busdorf et nord-ouest de Fahrdorf, atteignant le Reider-Au au nord-ouest de Jagel ;

Suivant le cours du Reider-Au puis le cours de la Treene jusqu'à un point situé au nord-est de Friedrichstadt;

Se dirigeant ensuite vers le Sud jusqu'à la rivière Eider en passant à l'est de Friedrichstadt;

Suivant le cours de l'Eider jusqu'à la mer du Nord.

Texte des 16-28 juin

La frontière entre l'Allemagne et le Danemark sera fixée conformément aux aspirations des populations.

A cette fin, les populations habitant les territoires de l'ancien Empire allemand situés au nord d'une ligne orientée Est-Ouest (figurée par un trait bistre sur la carte n° 4 annexée au présent Traité) :

Partant de la mer Baltique à environ 13 kilomètres est-nord-est de Flensburg, se dirigeant :

Vers le Sud-Ouest en passant au sud-est de : Sygum, Ringsberg, Munkbrarup, Adelby, Tastrup, Jarplund, Oversee, et au nord-ouest de Langballigholz, Landballig, Bönstrup, Rüllschau, Weseby, Kleinwolstrup, Gross-Solt,

Puis, vers l'Ouest, en passant au sud de Frörup et au nord de Wanderup,

Puis, vers le Sud-Ouest, en passant au sud-est d'Oxlund, Stieglund et Ostenau et au nord-ouest des villages sur la route Wanderup-Kollund,

Puis, vers le Nord-Ouest, en passant au sud-ouest de Löwenstedt, Joldelund, Goldelund, et au nord-est de Kolkerheide et Högel jusqu'au coude du Soholmer-Au à environ 1 kilomètre à l'est de Soholm, où elle rencontre la limite sud du cercle *(Kreis)* de Tondern.

Suivant cette limite jusqu'à la mer du Nord.

Passant au sud des îles de Fohr et Amrum et au nord des îles d'Oland et de Langeness;

seront appelées à se prononcer par un vote auquel il sera procédé dans les conditions suivantes :

1° Dès la mise en vigueur du présent Traité, et dans un délai qui ne devra pas dépasser dix jours, les troupes et les autorités allemandes (y compris les

Oberpräsidenten, Regierungs-präsidenten, Landräthe, Amts-vorsteher, Oberbürgermeister) devront évacuer la zone comprise au nord de la ligne ci-dessus fixée.

Dans le même délai, les conseils des ouvriers et soldats constitués dans cette zone seront dissous; leurs membres originaires d'une autre région et exerçant leurs fonctions à la date de la mise en vigueur du présent Traité, ou les ayant quittées depuis le 1er mars 1919, seront pareillement évacués.

Ladite zone sera immédiatement placée sous l'autorité d'une Commission internationale composée de cinq membres dont trois seront désignés par les principales Puissances alliées et associées; le gouvernement norvégien et le gouvernement suédois seront priés de désigner chacun un membre; faute par eux de ce faire, ces deux membres seront choisis par les principales Puissances alliées et associées.

La Commission, assistée éventuellement des forces nécessaires, aura un pouvoir général d'administration. Elle devra notamment pourvoir sans délai au remplacement des autorités allemandes évacuées, et, s'il y a lieu, donner elle-même l'ordre d'évacuation et procéder au remplacement de telles autorités locales qu'il appartiendra. Elle prendra toutes les mesures qu'elle jugera propres à assurer la liberté, la sincérité et le secret du vote. Elle se fera assister de conseillers techniques allemands et danois choisis par elle parmi la population locale. Ses décisions seront prises à la majorité des voix.

La moitié des frais de la Commission et des dépenses occasionnées par le plébiscite sera supportée par l'Allemagne.

Le 2° détermine qui jouira du droit de suffrage, et il en assure l'exercice;

3° Dans la section de la zone évacuée comprise au nord d'une ligne orientée Est-Ouest (figurée par un trait rouge sur la carte n° 4 annexée au présent Traité):

Passant au sud de l'île d'Alsen et suivant la ligne médiane du fjord de Flensburg,

Quittant le fjord à un point situé à environ 6 kilomètres au nord de Flensburg, et suivant vers l'amont le cours du ruisseau qui passe à Kupfermühle, jusqu'à un point au nord de Niehuus,

Passant au nord de Pattburg et Ellund et au sud de Fröslee pour atteindre la limite est du cercle *(Kreis)* de Tondern à son point de rencontre avec la limite entre les anciennes juridictions de Slogs et de Kjaer,

Suivant cette dernière limite jusqu'au Scheidebek,

Suivant vers l'aval le cours du Scheidebek (Alte-Au), puis du Süder-Au et du Weder-Au, jusqu'au coude de cette dernière *(sic)* située à environ 1 500 mètres de Rüttebull,

Se dirigeant vers l'Ouest-Nord-Ouest pour atteindre la mer du Nord au nord de Sieltoft,

De là, passant au nord de l'île de Sylt,
il sera procédé au vote ci-dessus prévu, trois semaines au plus tard après l'évacuation du pays par les troupes et les autorités allemandes.

Le résultat du vote sera déterminé par la majorité des voix dans l'ensemble de cette section. Ce résultat sera immédiatement porté par la Commission à la connaissance des principales Puissances alliées et associées et proclamé.

Si le vote est en faveur de la réintégration de ce territoire dans le royaume de Danemark, le gouvernement danois, après entente avec la Commission, aura la faculté de le faire occuper par ses autorités militaires et administratives immédiatement après cette proclamation.

Nouvelle bifurcation de texte :

Texte du 7 mai.

4° Dans la section de la zone évacuée située au sud de la section précédente, et comprise au nord d'une ligne orientée Est-Ouest (figurée par un trait bistre sur la carte n° 3 annexée);

Partant de la mer Baltique à environ 13 kilomètres est-nord-est de Flensburg;

Se dirigeant vers le Sud-Ouest en passant au sud-est de Sygum, Ringsberg, Munkbrarup, Adelby, Tastrup, Jarplund, Oversee et au nord-ouest de Langballigholz, Landballig, Bonstrup, Rüllschau, Weseby, Kleinwolstrup, Gross-Solt; puis, vers l'ouest, en passant au sud de Frörup et au nord de Wanderup; puis, vers le sud-ouest, en passant au sud-est d'Oxlund, Stieglund et Ostenau et au nord-ouest des villages sur la route Wanderup-Kollund, puis vers le nord-ouest, en passant au sud-ouest de Löwenstedt, Joldelund, Goldelund, et au nord-est de Kolkerheide et Högel, jusqu'au Soholmer-Au, à environ 2 kilomètres à l'est de Soholm, où elle rencontre la ligne sud du cercle *(Kreis)* de Tonder;

Suivant cette limite jusqu'à la mer du Nord;

Passant au sud des îles de Fohr et Amrun et au nord des îles d'Oland et Langeness.

Il sera procédé au vote, cinq semaines au plus tard après que le plébiscite aura eu lieu dans la section précédente.

Le résultat du vote sera déterminé par commune suivant la majorité des voix dans chaque commune *(Gemeinde)*.

5° Dans la section de la zone évacuée située au sud de la section précédente et au nord de la ligne qui part de l'embouchure de la Schlei *(Sli)* pour aboutir à l'embouchure de l'Eider, il sera procédé au vote deux semaines au plus tard après que le plébiscite aura eu lieu dans la deuxième section.

Le résultat du vote y sera également déterminé par commune *(Gemeinde)* suivant la majorité des voix dans chaque commune.

Texte du 28 juin.

(V. plus haut, p. 153-154.)
(Le paragraphe ci-contre a été transféré d'une section dans l'autre.)

(Le paragraphe 5° ci-contre devient le 4° ainsi corrigé) :

4° Dans la section de la zone évacuée située au sud de la section précédente [et au nord de la ligne qui part de la mer Baltique à 13 kilomètres de Flensburg pour aboutir au nord des îles d'Oland et de Langeness], il sera procédé au vote cinq semaines au plus tard après que le plébiscite aura eu lieu dans la [première section].

Le résultat du vote [y] sera déterminé par commune *(Gemeinde)*, suivant la majorité des voix dans chaque commune.

Il pourrait même y avoir eu une troisième version, dont l'existence éphémère se décèle, en de certains exemplaires du Traité, par les mots : « dans la section précédente », qu'on ne trouvait pas dans la première et qu'on ne retrouve pas dans la troisième.

On conviendra qu'il serait surprenant qu'à travers tous ces remaniements il ne se fût pas glissé, dans l'article bouleversé, quelques erreurs; aussi s'y en est-il glissé. Nous en relèverons une ou deux qui ne sont point indifférentes.

Lorsque, la Prusse et l'Autriche s'étant brouillées à la suite de leur commune agression contre le Danemark, la Prusse eut chassé l'Autriche d'Allemagne et s'installa dans les duchés, elle promit, sur les instances de la France, par les préliminaires de Nikolsbourg (1) et le traité de Prague, d'y régulariser sa situation par un plébiscite. Quarante-huit ans se sont écoulés de 1866 à 1914; jamais l'engagement n'a été tenu.

Jusqu'à la dernière minute, l'Allemagne aura répugné à le tenir. Elle a marchandé, ergoté, disputé le terrain pas à pas. Elle avait bien dit : « Les régions du

(1) Préliminaires, signés à Nikolsbourg, le 26 juillet 1866 (art. 3), et Traité de paix, signé à Prague, le 23 août 1866, entre la Prusse et l'Autriche (art. 5). (V. DE CLERCQ, *Recueil des Traités de la France*, t. IX, p. 604 et 608.)

Slesvig, qui sont en majeure partie danoises, seront cédées au Danemark en vertu d'un plébiscite (1). »
Mais elle s'efforçait de se dédire et de reprendre le plus possible.

« Bien que s'étant déclaré disposé à suivre la voie détournée des négociations de paix pour étudier les désirs du Danemark d'avoir une nouvelle frontière répondant au principe des nationalités, le Gouvernement allemand ne peut s'empêcher de faire remarquer que la question slesvigeoise ne figure pas expressément dans les points du président Wilson. Si l'Allemagne déclare consentir au plébiscite dans le Slesvig, c'est parce qu'elle reconnaît le droit des peuples à disposer d'eux-mêmes.

« Le Gouvernement allemand n'est pas en mesure, cependant, d'accepter la configuration du district où l'on doit procéder au vote, telle qu'elle est proposée dans le projet du Traité de paix, ni les modalités et les délais du vote.

« Bien plus, il fait les contre-propositions suivantes :

« a) La délimitation vers le sud de la zone de vote coïncidera avec la ligne qui correspond à la ligne de démarcation des langues (d'après la majorité des habitants), de telle sorte que les communes qui voteront seront celles qui, pour un ensemble de territoire non morcelé, comptent plus de 50 pour 100 de Danois.

« Il résulte de là une ligne passant au sud de Rön, au nord de Hoyer, au sud de Mögeltondern, au nord de Töndern, au sud-ouest de Bohrkann, au sud de Ladelund, au nord de Karlun, au sud de Branstodt, au sud de Wessby, au nord de Medelby, au sud de Jardelund, au nord de Wallsbüll, au nord d'Ellund, au sud

____

(1) *Notes de la Délégation allemande*, note n° 16, 29 mai, p. 96.

de Fröslee, à l'ouest de Harrislee, Pattburg, Niehuus, au nord de Krusau, au sud de Hönschnap, aboutissant près de Suderhaff à la baie de Flensburg et, par celle-ci, à la mer Baltique.

b) Dans toute cette zone, le vote devra se faire par communes.

c) Ce vote aura lieu pour toute la zone en une même journée, dont on se réserve de fixer la date après un accord plus complet.

d) L'organisme allemand de fonctionnaires et d'administration subsistera pendant le vote, tel qu'il existe, mais sera subordonné à une Commission impartiale, composée d'un même nombre d'Allemands et de Danois, sous la présidence d'un Suédois; cette Commission a des droits de surveillance illimitée.

On se réserve de prendre position vis-à-vis des questions corrélatives à la cession, et qui sont traitées en partie dans les articles 110 à 113 du Projet.

La *Réponse des Puissances alliées et associées* a expliqué :

« Pour le Slesvig, enlevé par la Prusse au Danemark en 1864, la Prusse a promis, par le traité de Prague de 1866, que les populations des régions septentrionales devraient être cédées au Danemark, si, par un vote libre, elles exprimaient le désir d'être réunies à ce pays. Malgré les demandes réitérées de la part des habitants, aucune mesure n'a jamais été prise par la Prusse ou l'Empire allemand pour tenir sa promesse; le Gouvernement du Danemark et la population du Slesvig ont demandé à la Conférence de la Paix de leur assurer un plébiscite. C'est ce que le traité garantit désormais.

« A la requête du Gouvernement danois, des dispositions ont été arrêtées pour faire évacuer le territoire jusqu'à l'Eider et la Schlei par les troupes allemandes et les hauts fonctionnaires prussiens et aussi pour

confier l'administration temporaire de ce territoire et
l'organisation d'un plébiscite à une Commission internationale impartiale représentant la Norvège et la
Suède ainsi que les Puissances alliées et associées. A
la suite d'une demande présentée par le Gouvernement
danois, il a été décidé de fixer les limites du territoire
soumis au plébiscite conformément à cette demande.
Se fondant sur le plébiscite auquel il aura été ainsi
procédé, la Commission internationale proposera un
tracé bien net de frontières entre l'Allemagne et le
Danemark, tracé qui sera arrêté en tenant compte des
conditions géographiques et économiques ».

La rédaction de l'article 109 est très défectueuse :
« La frontière entre l'Allemagne et le Danemark sera
fixée, dit-il, conformément aux aspirations des populations. » On pourrait demander quelles populations,
car, à la lettre, grammaticalement, comme l'Allemagne
seule et le Danemark ont été nommés, il faudrait
entendre les populations allemandes et danoises; mais
c'est manifestement absurde, et le texte se sauve par
cette absurdité. Il devient évident qu'il ne peut être
question que des populations du Slesvig même, et il
ne s'agit plus alors que de savoir si c'est du Slesvig
tout entier, ou de certaines parties seulement, et, dans
ce dernier cas, de quelles parties.

La Conférence a hésité, et les deux ou trois textes
qui se sont succédé portent la marque de ses tâtonne-
ments. Plutôt trois que deux : celui du 7 mai, qui
organisait le plébiscite jusque dans le Slesvig méridional; celui du 26 juin, qui, dans cette troisième zone,
supprimait le plébiscite, mais ordonnait l'évacuation
par les forces et les autorités allemandes, afin d'assurer
la pleine liberté du vote dans la deuxième; ensuite,
entre le 16 et le 28 juin, pas plus d'évacuation que de
plébiscite : en d'autres termes, l'Allemagne maintenue
sans contestation, et même sans question, dans la

troisième zone; la liberté du vote, mise en question, de ce fait, dans la deuxième.

Mais voici l'erreur. « Dès la mise en vigueur du présent Traité, et dans un délai qui ne devra pas dépasser dix jours, les troupes et les autorités allemandes (y compris les *Oberpräsidenten, Regierungspräsidenten, Landräthe, Amtsvorsteher, Oberbürgermeister*) devront évacuer la zone comprise au nord de la ligne ci-dessus fixée. »

Quelle est « la ligne ci-dessus fixée? »

Celle qui part de la mer Baltique à environ 13 kilomètres est-nord-est de Flensborg et qui, avec des détours et des crochets, aboutit à la mer du Nord, « en passant au sud des îles de Fohr et Amrun et au nord des îles d'Oland et de Langeness ». La zone, par conséquent, dont la limite sud est indiquée par un trait bistre sur la carte n° 4 annexée au Traité, que nous appelons « la deuxième zone », et dont on pourrait dire qu'elle forme le Slesvig moyen.

La première zone est limitée, au sud, sur la même carte par le trait rouge. On peut lui donner le nom de Slesvig septentrional.

Or, si le paragraphe cité trouvait son application, tant que trois zones étaient prévues, et qu'il y en avait une au sud de la deuxième, une troisième zone dite du Slesvig méridional, il n'a plus de sens depuis que cette troisième zone a été supprimée, puisque « la zone comprise au nord de la ligne ainsi fixée, » c'est la zone comprise au nord de la ligne « est-nord-est de Flensborg, sud de Fohr et Amrun, nord d'Aland et de Langeness »; et c'est, par extension, celle d'au-dessus. Mais, ni dans l'une ni dans l'autre, ni dans la première ni dans la deuxième, il n'y a ni *Oberpräsidenten*, ni *Regierungspräsidenten*.

Il n'y en a que dans la troisième, qu'on a fait sauter. Du même coup, il eût donc fallu faire sauter *Präsi-*

denten et « *Oberpräsidenten* ». Le *Präsident* et le *Regierungspräsident* ont leur siège dans la ville de Slesvig (troisième zone). Pendant la guerre, ils avaient même été transférés à Kiel, le plus gros centre militaire de la région. Mais il restait et il reste une grosse garnison à Slesvig. De la limite entre la deuxième et la troisième zone, l'*Oberpräsident*, la *Regierungspräsident*, demeurés à Slesvig, peuvent exercer une pression jusqu'à Flensborg et dans toute la « juridiction de Kjaer ». On aura beau faire : le plébiscite ne sera pas libre dans la deuxième zone, si la troisième n'est pas débarrassée des troupes allemandes et des autorités allemandes. Mais le texte du 16 juin, le texte du 28 juin, le texte définitif du Traité, ne connaît plus de troisième zone, et, *a fortiori*, dans une zone qu'il a rayée du territoire du Slesvig, il ne connaît plus ni plébiscite, ni évacuation.

Le Gouvernement danois, en acceptant, en demandant presque cette éviction de la troisième zone, a eu ses motifs qu'il ne nous appartient pas de discuter. Ils sont loin d'être unanimement approuvés au Danemark même ; et déjà les autorités allemandes, en vue du plébiscite dans les zones supérieures, ont commencé à prouver ce qu'elles étaient capables de faire et prêtes à tenter en fait d'intimidation. Elles ont arrêté et emprisonné les personnes les plus influentes, dont elles suspectent les sentiments. Tant que l'*Oberpräsident* et le *Regierunspräsident* sont à Slesvig, tant que les troupes allemandes peuvent faire des promenades militaires dans la région, tant que les gendarmes allemands ont l'œil et l'oreille à toutes les portes, la frontière entre l'Allemagne et le Danemark risque de n'être pas « fixée conformément aux aspirations des populations, » parce que les populations n'auront pas la liberté ou auront la crainte d'exprimer leurs aspirations.

Géographiquement, « la frontière du Slesvig, au

nord, remonte le Kongeaa depuis son embouchure jusqu'au-dessous de Vamdrup, rejoint le fjord de Kolding, au sud-est de cette ville, et le coupe en deux dans sa longueur. A l'est, elle passe d'abord par le milieu du Petit-Belt, puis au delà d'Arö. Au sud, elle suit le canal de Kiel jusqu'à sa rencontre avec l'Eider, et ensuite le cours de ce fleuve jusqu'à la mer. A l'ouest, elle embrasse toutes les îles situées sur la côtes depuis l'estuaire de l'Eider jusqu'à la passe de Juvre (Juvre-Dyb) au nord de Romö.

Dans le « Duché », il y avait çà et là des « enclaves royales. » La Prusse s'en est aussi emparée. Mais, en échange, elle a laissé au Danemark le district de Ribe, huit paroisses au sud de Kolding et l'île d'Arö.

On distingue dans le Slesvig plusieurs « régions naturelles » : le versant oriental est très étroit, du moins entre Kolding et Flensborg; région accidentée et fertile, avec des haies vives, des vergers, des hêtraies. On peut y rattacher l'île d'Als. Angel est un pays de gras pâturages, Svans et Dänischwold d'excellentes terres à blé. Sur le versant occidental, du côté de la mer du Nord, s'étendent entre l'Eider et le Vidar les pâturages qui alimentent de bestiaux les foires très fréquentées de Husum et les marais de la presqu'île d'Eiderstedt, une des contrées les plus productives du royaume de Prusse. Comme villes, Flensborg, Aabenraa, Haderslev, Sonderborg, Tönder, et la capitale administrative du Slesvig-Holstein, Slesvig.

Historiquement, aussi loin que nous pouvons remonter dans le passé, nous trouvons le Slesvig habité par des Danois. Il est faux que le Slesvig ait été d'abord, comme on le prétend outre-Rhin, habité par des Allemands que les Danois auraient conquis et danisés vers le sixième siècle. On peut, au contraire, affirmer qu'à aucune époque on ne trouve trace en Slesvig de peuplades germaniques, qui ont plus tard été confondues sous le nom d'Allemands ; aussitôt qu'il est permis de discerner les Allemands des Scandinaves, au point de vue historique et national, ce sont des Scandinaves qui occupent le Slesvig et ils font partie du peuple danois. Le haut remblai du Danewirke défendait le domaine danois et barrait la péninsule au nord de la Reideaa, entre l'extrémité de la Sli (Schlei) et les marécages alors impraticables de l'ouest. « L'Eider, répétaient en 873 les *Annales* de Fulda, sépare les Danois des Saxons. »

L'immigration, à de longs intervalles, a amené dans le Slesvig des colons de souche différente : des Frisons dans l'ouest, des Allemands dans le sud-est et dans le sud. Puis, peu à peu, surtout depuis 1866, la tache allemande a grandi. Il eût été conforme aux faits de diviser le Slesvig en trois zones : Slesvig septentrional, moyen et méridional. « Au point de vue de la langue, le Slesvig septentrional (167 000 habitants) peut être considéré comme danois; le Slesvig moyen (environ 200 000 à 210 000 habitants) comme allemand, à l'exception du triangle Höjer-Fjolde-Flensborg, où le danois se parle cependant de moins en moins au fur et à mesure qu'on descend vers le sud; le Slesvig méridional (environ 130 000 à 140 000 habitants) comme tout à fait allemand. Au point de vue des sentiments, le Slesvig septentrional est essentiellement danois; le Slesvig moyen serait plutôt allemand, excepté dans la partie centrale, où il subsiste encore des sympathies danoises dont on ne saurait préciser dès maintenant l'importance; le Slesvig méridional paraît tout à fait allemand. »

Toutefois, à côté de la *Ligue des électeurs du Slesvig septentrional*, qui a émis les trois résolutions d'Aabenraa (16 novembre et 30 décembre 1918, 8 février 1919), sont venus entre temps se ranger le *Comité du Slesvig moyen*, dont le siège est à Flensborg (18 novembre 1918) et, groupant les bourgs et villages de langue danoise qui appartiennent à l'arrondissement de Tönder, le *Comité pour la question de la frontière*, élu à Ludelund, le 4 décembre. Le plébiscite, dans les deux premières zones, était donc désiré et il a été préparé (1).

(1) TRAVAUX DU COMITÉ D'ÉTUDES. *La question du Slesvig*, par M. VERRIER. Avec une carte.

HÉLIGOLAND

On se rappelle qu'Héligoland est une acquisition récente de l'Allemagne. Lorsque la Grande-Bretagne la lui céda, ce fut un sujet de plaisanteries : l'île, disait-on, était lentement rongée par les flots, et ne tarderait pas à disparaître. Mais l'Empire, alors qu'il pouvait croire que son avenir était sur la mer, en avait fait une base navale. Par le Traité de Versailles, l'Allemagne la conserve, mais démantelée.

« Art. 115. — Les fortifications, établissements militaires, les ports des îles d'Héligoland et de Dune, seront détruits sous le contrôle des principaux gouvernements alliés, par les soins et aux frais du gouvernement allemand, dans le délai qui sera fixé par lesdits gouvernements.

Par « ports » on devra comprendre le môle nordest, le mur de l'ouest, les brise-lames extérieurs et intérieurs, les terrains gagnés sur la mer à l'intérieur de ces brise-lames, ainsi que tous les travaux, fortifications et constructions d'ordre naval ou militaire, achevés ou en cours, à l'intérieur des lignes joignant les positions ci-dessus, portées sur la carte n° 126 de l'amirauté britannique du 19 avril 1918 :

« a) latitude, 54° 10′ 49″ N. ; longitude, 7° 53′ 39″ E. ;
« b)   —   54° 10′ 35″ N. ;   —   7° 54′ 18″ E. ;
« c)   —   54° 10′ 14″ N. ;   —   7° 54′ 00″ E. ;
« d)   —   54° 10′ 17″ N. ;   —   7° 53′ 37″ E. ;
« e)   —   54° 10′ 44″ N. ;   —   7° 53′ 26″ E.

« L'Allemagne ne devra reconstruire ni ces fortifications, ni ces établissements militaires, ni ces ports, ni aucun ouvrage analogue. »

Il n'y a eu de discussion que sur ceux des travaux qui devaient être considérés comme de fortification et ceux qui devaient être regardés comme de protection contre les ravages des eaux.

« En ce qui regarde Héligoland, en acceptant le démantèlement des fortifications, les délégués allemands observent que :

« Les mesures qui sont nécessaires pour la protection de la côte et du port doivent continuer à être en vigueur dans l'intérêt des habitants de l'île aussi bien que dans celui de la navigation pacifique et de l'industrie de la pêche. »

Une Commission sera nommée par les principales Puissances alliées et associées après la signature du Traité pour surveiller la destruction des fortifications. Cette Commission décidera quelle est la partie des travaux protégeant la côte contre les érosions de la mer qui peut être conservée et quelle partie doit être détruite, en tant que mesure de précaution destinée à éviter que l'île soit fortifiée à nouveau.

Les seuls ports dont la destruction est proposée sont les ports militaires inclus dans les limites indiquées à l'article 115; le port de pêche n'est pas compté dans cette zone, et les ports militaires ne sont pas employés par les bâtiments de pêche. L'article doit, en conséquence, être accepté sans condition (1).

En exécution de l'engagement pris dans le paragraphe 2, le protocole, signé à Versailles, après le Traité, le 28 juin 1919, entre les Hautes Parties contractantes, c'est-à-dire 26 Puissances alliées et asso-

____

(1) *Réponses des Puissances alliées et associées aux Remarques de la Délégation allemande*, p. 17 et 18.

ciées et l'Allemagne, porte, en son alinéa premier :

« 1° Une Commission sera nommée par les principales Puissances alliées et associées pour surveiller la démolition des fortifications d'Héligoland en conformité du Traité. Cette Commission aura qualité pour décider quelle partie des ouvrages protégeant la côte contre les érosions de la mer doit être conservée et quelle partie doit être démolie. »

Désormais, il n'y a plus à se disputer, pour le refuge qu'une escadre pourrait y trouver ou le secours qu'elle en pourrait tirer, la possession d'Héligoland. Découronnée de ses remparts et fréquentée seulement par les pêcheurs, ce ne sera demain qu'un îlot perdu dans les brumes, au péril de la mer.

RUSSIE ET ÉTATS RUSSES

Le texte du premier alinéa de l'article 116 a été fixé dès le premier jour :

L'Allemagne reconnaît et s'engage à respecter, comme permanente et inaliénable, l'indépendance de tous les territoires qui faisaient partie de l'ancien Empire de Russie au 1er août 1914.

Celui de l'alinéa 2 a varié entre le 7 mai et le 16 juin.

Texte du 7 mai.

L'Allemagne reconnaît définitivement l'annulation des traités de Brest-Litovsk, ainsi que de tous autres accords ou conventions passés par elle depuis la révolution maximaliste de novembre 1917 avec tous gouvernements ou groupes politiques formés sur le territoire de l'ancien Empire russe.

Texte du 16 juin.

Conformément aux dispositions insérées aux articles 259 et 292 des parties IX (Clauses financières) et X (Clauses économiques) du présent Traité, l'Allemagne reconnaît définitivement l'annulation des traités de Brest-Litovsk, ainsi que de tous autres accords ou concessions passés par elle avec le gouvernement maximaliste en Russie.

« Les Puissances alliées et associées réservent expressément les droits de la Russie à obtenir de l'Allemagne toutes restitutions et réparations basées sur les principes du présent Traité.

« ART. 117. — L'Allemagne s'engage à reconnaître la pleine valeur de tous les traités ou arrangements que les Puissances alliées et associées passeraient avec les États qui se sont constitués ou se constitueront sur tout ou partie des territoires de l'ancien Empire de Russie, tel qu'il existait au 1er août 1914, et à reconnaître les frontières de ces États, telles qu'elles seront ainsi fixées. »

Dans ses *Remarques sur les conditions de paix*, la Délégation allemande avait déclaré :

« Le Gouvernement allemand ne revendique aucun territoire qui, le 1er août 1914, faisait partie de l'Empire russe d'alors. Pour ce qui est de la question de l'organisation comme État, spécialement de l'indépendance des différents territoires autrefois russes, le Gouvernement allemand y voit une question d'ordre intérieur qui regarde ces territoires eux-mêmes, question dans laquelle il n'a pas l'intention d'intervenir.

« Quant aux traités de paix de Brest-Litovsk et à leurs actes additionnels, le Gouvernement allemand y a déjà renoncé par l'article 15 de la Convention d'armistice.

« L'Allemagne ne saurait admettre un droit qu'aurait la Russie à être rétablie et dédommagée par l'Allemagne.

« Quant aux traités et aux conventions entre les Puissances alliées et associées et les États qui se sont formés ou sont en train de se former sur le territoire de l'ancien Empire russe, le Gouvernement allemand ne saurait les reconnaître que lorsqu'il aura pris connaissance du contenu desdites conventions et aura acquis la conviction que la reconnaissance de ces conventions ne lui sera pas rendue impossible soit par ses relations antérieures avec la Russie, ou avec telles parties de l'ancien Empire russe, soit par son désir de vivre en paix et amitié avec tous ses voisins de l'Est.

La même remarque s'applique à la reconnaissance des frontières de ces États (1). »

La réponse a été aussi brève que péremptoire.

« Les Puissances alliées et associées estiment qu'aucune des réserves ou des observations présentées par la Délégation allemande au sujet de la Russie ne nécessite le moindre changement aux clauses du Traité y afférentes (2). »

Cette fin de non-recevoir toute sèche, et qui a l'air de s'appuyer sur une résolution inébranlable, s'applique directement aux alinéas 2 et 3 de la Remarque de la Délégation allemande. L'alinéa 2 ne dit que ce qu'il dit : il est simple, sans détours. Mais il faut peser tous les mots de la phrase à triple détente : « ... lorsqu'il aura acquis la conviction que la reconnaissance de ces conventions ne lui sera pas rendue impossible *soit* par ses relations antérieures avec la Russie, *ou* avec telles parties de la Russie, *soit* par son désir de vivre en paix et amitié avec tous ses voisins. »

Que va-t-il advenir de ce qui fut et de ce qui fit l'Empire russe? L'Allemagne, non plus que personne, ne le sait. Elle se garde, dans les trois hypothèses. Si la Russie se reconstitue, l'Allemagne veut ménager ses relations antérieures avec elle; et, si elle ne se reconstitue pas, l'Allemagne veut pouvoir développer en relations d'État à État les rapports qu'elle avait avec les provinces. Comme elle ne sait pas davantage quels seront ses voisins de l'Est, elle ne veut pas prendre position tant qu'elle n'a pas la certitude que les conventions qu'on lui demande de reconnaître ne l'empêcheront pas « de vivre en paix et en amitié » avec tous, quels qu'ils puissent être. De même pour les frontières

_____

(1) *Remarques de la Délégation allemande sur les conditions de paix*, p. 46.

(2) *Réponse des Puissances alliées et associées aux Remarques de la Délégation allemande*, p. 18.

des États qui peuvent se former. Même nés, même connus et reconnus, ces Etats pourront avoir entre eux des querelles au sujet de leurs frontières. L'Allemagne ne veut prendre parti qu'à bon escient, ou plutôt elle ne veut prendre aucun parti, parce qu'elle ne veut s'en interdire aucun.

A cet égard, la correction faite par le texte du 6 juin à l'alinéa 2, en supprimant les mots : « avec tous gouvernements et groupes politiques formés sur le territoire de l'ancien Empire russe », pour ne retenir que les accords passés « avec le gouvernement maximaliste en Russie » n'est pas sans gravité, car elle pourrait servir à asseoir l'influence allemande en Finlande, dans les pays baltes, en Ukraine, etc...

Cependant l'Allemagne s'interroge et ne se décide pas. Elle interroge et demande qu'on ne décide pas pour elle. Elle s'arrête au bord de l'inconnu. En effet, il y a dans le Traité un trou énorme et comme un abîme ouvert. La Russie, absente de la guerre la dernière année, est absente aussi de la paix. Elle n'y est plus, et les États issus de sa dispersion n'y sont pas encore. C'est une absence peut-être inévitable, mais il n'est pas possible de taire qu'elle laisse en dehors du Traité, en dehors de la paix, en dehors du régime établi, la moitié de l'Europe.

RÉSUMÉ

Les nouvelles frontières d'Allemagne
et la nouvelle carte d'Europe.

À ces considérations, que nous avons voulues exclusivement historiques et géographiques, nous voudrions maintenant donner une conclusion purement historique et géographique. Ou s'il n'y a point, dès lors, à parler de « conclusion », nous voudrions en présenter un résumé très rapide qui ne sorte ni du cadre de l'histoire, ni du plan de la géographie.

La politique territoriale des Puissances alliées et associées paraît avoir été guidée par deux idées : en Occident, les Alliances, qui, suppléant aux garanties permanentes d'ordre militaire, permettraient d'atteindre le plein épanouissement de la Société des nations; en Orient, dans le plus prochain Orient, c'est-à-dire dans la moitié orientale de l'Europe, une ceinture d'États passés autour du corps de l'Allemagne et l'empêchant de remuer les bras pour une nouvelle agression.

Ce n'est pas une invention d'hier, ce n'est point une découverte originale. Bien plutôt, c'est une pensée que Mazzini aimait à développer dans ses dernières années. Seulement, la ceinture d'États slaves dont Mazzini voulait emmailloter le « tsarisme », la Conférence l'a retournée contre le « germanisme », au moins contre le « militarisme allemand », qu'il est prudent de supposer impénitent et peut-être incorrigible.

A la lumière de ces deux idées directrices, regardons une carte d'Europe, après qu'y ont été portées les stipulations du Traité de paix. La première chose dont les yeux sont frappés, c'est que l'Allemagne ne subit aucune mutilation dans sa chair, dans de la chair allemande. A l'ouest, sur la frontière belge, ce qu'elle cède, Moresnet, Eupen, Malmédy, est, comme territoire et population, insignifiant. Plus bas, dans le bassin de la Sarre, elle ne cède présentement que les mines; en Alsace-Lorraine, elle ne restitue que son dernier larcin. Au sud, sa frontière n'est pas touchée avant le saillant de Neustadt, autrement dit avant les limites de la Haute-Silésie. A l'est, elle abandonne de vastes parties de la Posnanie, de la Prusse occidentale, de la Prusse orientale. On reconstitue à ses dépens une Pologne, on constitue une région de Memel. Au nord, on érige Dantzig en ville libre; on rend la parole au Slesvig qui, malgré les traités, ne l'avait pas eue, et qui n'avait été « germanisé » que par la force.

Où sont, dans cette politique, ou dans les résultats de cette politique, les points faibles (on ne parle toujours ici que de la politique territoriale)? A l'ouest, la France n'a pas, quelque compensation qu'on se soit flatté de lui en offrir, sa frontière militaire du Rhin. Au sud, l'État tchéco-slovaque n'a pas le redoutable quadrilatère de Glatz, d'où sont toujours parties les menaces et les actions de l'Allemagne ou de la Prusse contre l'Europe centrale. C'est dire qu'au milieu de la ceinture d'États dont on a voulu entourer et lier l'Allemagne, justement sur la boucle, on a laissé une pointe qui risque de la percer ou de la rompre. Si les communications de la Prusse orientale avec l'Allemagne sont rendues malaisées par l'interposition de la bande de terre qui vient finir sur la Baltique à la Putzige-Nehrung, l'unité interne de la Pologne est comme coupée par l'interposition du territoire de Dantzig. Ce territoire lui-même est peu sûr; il peut, du jour au lendemain, devenir une enclume entre deux marteaux. Memel aussi, à l'extrême pointe nord-est, n'a qu'une existence fragile.

De tous ces changements qui, en somme, changent moins qu'on ne l'aurait cru, les uns sont définitifs, parfaits et consacrés par le Traité; les autres ne le seront qu'à la suite d'un plébiscite : ce sont, comme étendue, incomparablement les plus importants : bassin de la Sarre, Haute-Silésie; en Prusse orientale, cercles de Stuhm, de Rosenberg, de Marienburg et de Marienwerder; plus loin, régence d'Allenstein, et, droit vers le nord, Slesvig, les cessions éventuelles de l'Allemagne dépassent de beaucoup ses cessions actuelles.

Mais, actuelles ou éventuelles, les cessions de l'Allemagne ne sont, à vrai dire, que des restitutions. Et ces restitutions ne sont que partielles. A l'ouest, l'Allemagne ne rend à la France que l'Alsace-Lorraine de 1870. A l'est, elle ne rend pas à la Pologne la ligne de ses frontières historiques. Au Danemark, elle ne rend que deux des zones du Slesvig.

Néanmoins, en ce qu'elles avaient de plus douloureux et de plus scandaleux, les antiques iniquités sont redressées. Le Traité de paix les a, en partie, réparées; il a tâché de n'en point commettre d'autres. Jamais paix n'a fait davantage, et peut-être jamais paix n'en avait fait autant. Un « nouvel ordre des choses » est-il né? — Il reste la terre et les hommes.

FIN

N. B. — Cette carte a été dressée, d'après celle qui est annexée au texte officiel du Traité, par M. Emmanuel de Martonne, professeur de géographie à la Faculté des Lettres de l'Université de Paris, Secrétaire du Comité d'Études et Chef du service de documentation de la Conférence de la paix.

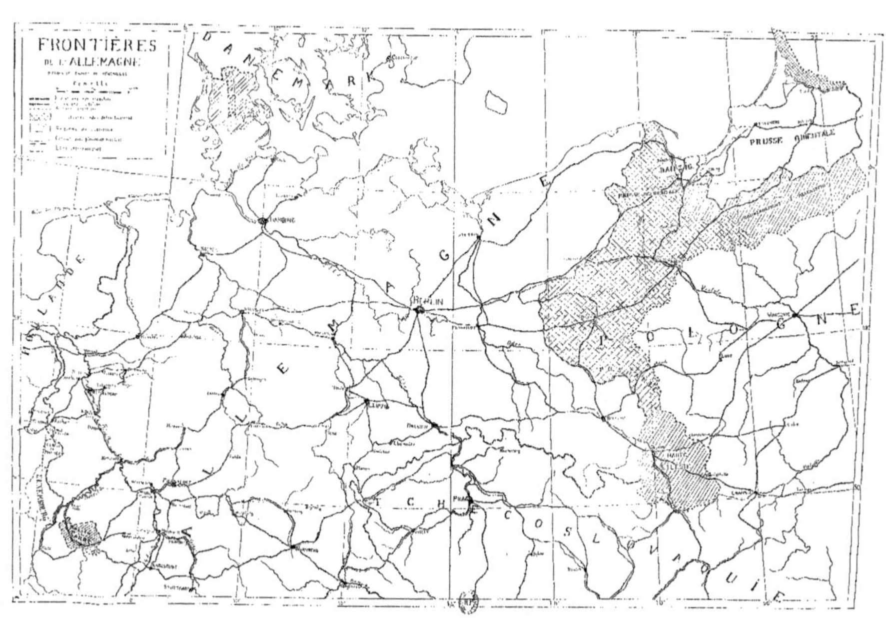

FRONTIÈRES
DE L'ALLEMAGNE
DANEMARK
PRUSSE ORIENTALE
POLOGNE
BERLIN
TCHÉCOSLOVAQUIE

TABLE DES MATIÈRES

Pages.

CHAPITRE IV

FRONTIÈRE SEPTENTRIONALE DE L'ALLEMAGNE

PARIS

TYPOGRAPHIE PLON-NOURRIT ET Cᶦᵉ

8, rue Garancière